Susanne Engel-Lönser

Erfolgreich selbstständig in der Kosmetik- und Wellnessbranche

Susanne Engel-Lönser

Erfolgreich selbstständig in der Kosmetik- und Wellnessbranche

Mach deine Talente zum Beruf

R. G. Fischer Verlag

Bibliografische Information der Deutschen Nationalbibliothek
Die Deutsche Nationalbibliothek verzeichnet diese Publikation in
der Deutschen Nationalbibliografie; detaillierte bibliografische
Daten sind im Internet über http://dnb.d-nb.de abrufbar.

© 2011 by R.G.Fischer Verlag
Orber Str. 30, D-60386 Frankfurt/Main
Alle Rechte vorbehalten
Schriftart: Palatino
Herstellung: RGFC / NL
Printed in Germany
ISBN 978-3-8301-1354-6

*F*ür meine wundervollen Kinder Aron, Noah & Leonard, die meinem Leben nicht nur einen besonderen Inhalt und tieferen Sinn geben, sondern auch unendlich viel Liebe, Freude und Glück. Möget auch ihr einmal ebenso reich beschenkt werden wie ich und eines Tages euren Traumberuf finden.

Meinem Mann – Danke von Herzen für die unendlich schönen Momente, ich werde sie auf ewig festhalten und Dich lieben, ein Leben lang. – Durch Dich konnte ich einen völlig neuen Lebensweg entdecken. – Magic.

Ein großes Dankeschön an alle, die mich unterstützt und motiviert haben, dieses Buch tatsächlich zu schreiben.

Ein ganz besonderes Dankeschön geht an mein gesamtes Team. Durch euren tatkräftigen Einsatz fand ich Zeit und Ruhe, meinen Gedanken kreativ nachzugehen. So hatte ich die Möglichkeit, sie schriftlich festzuhalten.

Ich danke all den Menschen in meinem Umfeld, besonders meiner besten Freundin. Als erste Leserin meines Buches hast du mich stets motiviert weiterzuschreiben. Deine Begeisterung hat mich immer wieder angetrieben, so dass meine Idee letztendlich Formen annehmen konnte und Wirklichkeit wurde.

Su

*E*in hervorragendes Buch, einfach brillant geschrieben, ich bin total begeistert, konnte es nicht mehr zur Seite legen. Super Beispiele und praktische Anregungen, die ich direkt erfolgreich umgesetzt habe. Hätte ich dieses Buch bereits vor acht Jahren, zu Beginn meiner Selbstständigkeit lesen können, hätte ich es viel leichter gehabt und so mancher Fehler wäre mir erspart geblieben. Aber auch für meine aktuelle Situation konnte ich viele gute Tipps übernehmen. Ich fertigte mir beim Lesen To-Do-Listen und das empfohlene Erfolgsjournal an und konnte so noch einiges in meiner Naturheilpraxis optimieren. Die psychologischen Abhandlungen haben mich sehr beeindruckt! So wurde ich zum Beispiel leicht verständlich und fast schon liebevoll an das Thema »Selbstwertgefühl« herangeführt. Frau Engel Lönser erklärt in ihrem Buch nicht nur mögliche Ursachen und Hintergründe, sie bietet auch immer wieder authentische, gut umsetzbare Lösungsvorschläge an. Untermalt mit dazu passenden Geschichten, die das Leben schreibt, bleibt es durchweg eine spannende Lektüre. Dieses Buch bringt nicht nur auf den Punkt, wie man eine erfolgreiche Selbstständigkeit aufbaut, es zeigt auch, wie wichtig menschliche Werte, der persönliche Auftritt und der Selbstwert sind. Erst wenn einem die Dinge bewusst werden, kann man etwas verändern, das macht dieses Buch möglich.

Es geht in die Tiefe, hilft ganzheitlich und hält Lösungen bereit. Es ist ein MUSS für jeden, der sich selbstständig macht, dieses Buch zu lesen. Ich kann das allen Einsteigern in die Selbstständigkeit, aber auch Berufsanfängern sowie Menschen aus allen Dienstleistungsberufen und natürlich auch den Schülerinnen und Schülern von Kosmetikfachschulen von ganzem Herzen empfehlen. Dieses Buch bietet die Chance für ein leichteres und erfolgreicheres (Berufs-) Leben!

Susanne Beissner
Heilpraktikerin

Inhaltsverzeichnis

Kapitel 1

Wenn Sie Ihren Beruf lieben ...

1.1 Der Weg zum Erfolg

Seit mehr als einem Vierteljahrhundert begleitet mich der Leitspruch: Wähle einen Beruf, den du liebst, und du musst nicht einen Moment im Leben arbeiten. Im Alter von 17 Jahren stellte ich fest, dass die Kosmetik meine Berufung ist, und besuchte, trotz der Widerstände meiner Mutter, eine namhafte Fachschule in Düsseldorf. Schon während meiner Ausbildung behandelte ich all meine Freunde, Verwandten und Bekannten unentgeltlich, einfach aus Spaß und Freude am Beruf mit unendlich viel Begeisterung. Ich besaß weder einen professionellen Behandlungsstuhl noch hatte ich dementsprechende Behandlungsprodukte. Alles war reine Improvisation, aber pure Leidenschaft und umsonst. Das sprach sich schnell herum, sodass ich schon während meiner Ausbildung drei bis fünf Kunden die Woche im Wohnzimmer auf meinem alten Kuschelsofa behandelte. Für meine Dienstleistung Geld zu verlangen, konnte ich mit meinem Gewissen nicht vereinbaren, denn schließlich war meine Ausbildung ja noch gar nicht abgeschlossen. Doch meine Behandlungen kamen so supergut an, dass ich viel Trinkgeld bekam und reichlich beschenkt wurde, obwohl ich keine Gegenleistung erwartete und auch kein Geld annehmen wollte. So habe ich schon sehr früh erfahren, dass gute Arbeit und großartige Leistungen stets belohnt werden. Erfolg steht im Einklang mit Berufung. Tut man etwas mit ganzem Herzen, Hingabe und Leidenschaft, so empfindet man auch Spaß und Freude und die Arbeit fällt leicht. Die Menschen, mit denen wir es zu tun haben, sind begeistert von uns und unseren Leistungen und das Geld fließt von ganz allein. Erfolg ist so etwas wie eine positive Begleiterscheinung, wenn Sie das, was Sie tun, erfüllt und richtig gern tun. Fühlen Sie sich berufen, ist nichts anstrengend oder kräftezehrend, im Gegenteil, alles läuft praktisch wie von selbst und verleiht Ihnen Kraft. Sicher ist es schwer, sich vorzustellen, ohne harte Arbeit etwas zu erreichen im Leben, wo wir doch seit frühester Kindheit so geprägt sind, dass wir uns anstrengen müssen, wenn wir etwas erreichen möchten und etwas aus uns werden soll. Wie oft haben wir als Kind gehört: »Erfolg fällt nicht einfach vom Himmel«, »Erfolg muss mit den Händen erschaffen werden« und »Ohne Fleiß keinen Preis?«. Dabei ist Erfolg nichts anderes als eine positive Begleiterscheinung für eine große Leidenschaft und Hingabe an eine Sache, die uns erfüllt und glücklich macht. Handeln Sie noch dazu unter dem Motto: »Ich gebe immer mehr als nötig« oder »Eine Sache ist erst dann richtig gut, wenn man nichts mehr hinzufügen kann«, werden Sie unglaubliche Erfahrungen machen. Nun muss nur noch Ihre Gedankenkraft mitspielen, denn: Erfolg entsteht im Kopf.

Hierzu nun eine kleine Geschichte:

Seit über 25 Jahren werden in meiner Fachschule jedes Jahr mehr als 500 Schüler ausgebildet. Ein Großteil, circa 80 Prozent dieser Menschen, kommt mit dem klaren Ziel, nach der Ausbildung ihren großen Traum der Selbstständigkeit zu verwirklichen. Sie haben ihren Erfolg in der Regel schon bis ins kleinste Detail geplant und vorbereitet, wenn auch nur in ihren Gedanken. Es ist erstaunlich, immer wieder zu sehen, welche Macht Gedanken haben können und wie großartig es bei den meisten dieser positiv denkenden Menschen funktioniert. Leider gibt es aber auch viele Menschen, die nicht an sich und ihre Idee glauben und sich so immer wieder selbst sabotieren. Es ist dann schon ein sehr großer Schritt, wenn Menschen trotz ihrer Ängste und Bedenken ihre Komfortzone verlassen und sich auf neue, unbekannte Berufswege begeben. Ich finde es immer wieder spannend zu sehen, was aus diesen Absolventen wird – oftmals haben sie am Anfang selbst nicht an ihre Idee geglaubt, doch durch ihre tiefe Begeisterung, Leidenschaft und Hingabe wurde ihr Weg dennoch erfolgreich. Das zeigt, wie wichtig die richtige Berufswahl ist, welche Macht sich hinter ihren Talenten verbirgt. Es berührt mein Herz, wenn ich zum Beispiel höre, dass eine meiner ehemaligen Schülerinnen nach vier Jahren Arbeitslosigkeit mit meinem Ausbildungskonzept im Alter von 52 Jahren endlich wieder Fuß fassen konnte. Und dass sie ihren neuen Beruf heute mit großer Freude ausübt – dass sie mit dem, was sie tut, sehr beliebt und erfolgreich ist.

Dass Menschen sich berufen fühlen, in einem passenden Berufsbereich ihren Traumberuf finden und damit noch dazu erfolgreich werden, zeigt mir immer wieder, wie wichtig es doch ist, genau das zu tun, was man wirklich gern tut.

In jeder Auftaktveranstaltung eines neuen Ausbildungsblockes schreibe ich meinen Leitspruch: »Wähle einen Beruf, den du liebst« in großen Lettern an das Flipchart und schaue gespannt in die vielen Gesichter, die mir erwartungsvoll entgegenblicken. Eine wesentliche Grundvoraussetzung für einen erfolgreichen Berufsweg ist immer die Begeisterung und Überzeugung, dass wir die richtige Wahl getroffen haben. Der Beruf sollte uns von Anfang an viel Spaß und Freude machen und ein Lächeln in unser Gesicht zaubern. Für viele meiner Schülerinnen ist die Kosmetik tatsächlich der Traumberuf. Ich freue mich immer wieder, wenn ich das herausfinde und beobachte, dass diesen Menschen durch ihre große Begeisterung ein ungeahntes Kräftepotenzial zur Verfügung steht.

Es ist interessant, zu erforschen, welche Teilnehmer der Gruppe sich wirklich wohlfühlen in dem Beruf und sich regelrecht hingeben und welche es nur als Job sehen. Mein Motiv ist es, natürlich, alle Seminarteilnehmer möglichst so zu motivieren, dass sie letztendlich in dem weit gefächerten Spektrum der Ganzheitskosmetik doch noch ihre Berufung finden – auch wenn es bei einigen etwas länger dauert, weil sie vielleicht noch zu sehr mit irgendwelchen Kritikpunkten beschäftigt sind oder das Berufsfeld noch nicht vollständig erforscht haben.

> »Nichts ist mächtiger als eine Idee,
> deren Zeit gekommen ist!« *(Victor Hugo)*

Wenn Sie sich erst einmal entschieden haben und wissen, was Sie erreichen möchten, sind Sie damit, vorausgesetzt es handelt sich um die richtige Berufswahl, schon ganz weit vorn. Doch der Wille allein genügt nicht, um wirklich erfolgreich zu werden, es braucht schon eine tiefe Überzeugung und Liebe zum Beruf. Auch gehört eine große Portion Fleiß und

Ausdauer dazu. Auf dem Spielfeld des Lebens muss man sich schon nach dem Ball recken und in die Ecke springen, um den Ball zu bekommen. Das heißt, es braucht Ihren vollen Einsatz! Wenn Sie wirklich erfolgreich sein wollen, kann Sie nichts und niemand mehr aufhalten – Sie müssen sich nur mit ganzem Herzen dafür entscheiden! Und haben Sie sich erst einmal für Ihren Erfolgsweg entschieden, so braucht es nicht nur Ihren vollen Einsatz, sondern auch Beharrlichkeit und viel Ausdauer.

> »Es ist nicht genug zu wissen, man muss es auch anwenden;
> es ist nicht genug zu wollen, man muss es auch tun.«
> *(Johann Wolfgang von Goethe)*

Die meisten Menschen träumen von einer Idee, setzen sie aber niemals um. Unzählige meiner Seminarteilnehmer/innen beschäftigten sich Jahre mit ihrem Traumberuf, bis sie sich endlich entscheiden konnten. Ist es dann endlich so weit, stellen sie meistens fest, dass sie viel Zeit verschenkt haben und dass sie schon viel weiter wären, wenn sie sich eher entschieden hätten.

Ich halte es für absolut wichtig, sich darüber Klarheit zu verschaffen, was man in der Tat ein Leben lang tun möchte, doch wenn Sie es wissen, ist es auch wichtig, es umzusetzen.

Kommen Sie nun mit mir auf die Reise! Und lassen Sie uns mit folgender Affirmation beginnen:

TUN

Ich tue täglich etwas – und blockiere mein Tun
nicht mit Vorurteilen.
Ich zerrede nicht die Methode, bevor ich
begonnen habe.
Ich fange an! Ich tue etwas!
Ich weiß, dass sich meinem Tun Hindernisse in
den Weg stellen.
Ich weiß aber auch, dass das Hindernis zum
Leben gehört.
Deshalb wird es mich weder überraschen noch
entmutigen.
Ich übe regelmäßig weiter und lasse meine
Vorstellungen Wirklichkeit werden.
Wer das Tun vor die Kritik stellt, hat Erfolg.
Wer seine Unzulänglichkeiten bejaht
und sie als Faktor erkennt, wird sie überwinden.
Albertus Magnus (1193–1280)

Bitte schreiben Sie diese Affirmation ab und hängen Sie sie an
Ihren Spiegel im Bad oder an einen anderen Platz, wo Sie oft
hinschauen!
Fangen Sie schon heute damit an, sich **Tagesziele** zu setzen.
Schreiben Sie auf eine To-do-Liste, was Sie erledigen möch-
ten, und haken Sie systematisch ab, was Sie erledigt haben.
Was Sie nicht abhaken konnten, kommt auf die nächste To-do-
Liste und Sie erledigen es am nächsten Tag. Bringen Sie mehr
Struktur in Ihr Leben und arbeiten Sie nach klaren Priori-
täten. Beschäftigen Sie sich, während Sie dieses Buch lesen,

immer wieder mit Ihren Zielen und legen Sie fest, was Sie erreichen wollen.

> Der größte Verlust im Leben ist das Hinausschieben.
> *(Seneca)*

Teilen Sie ein nach Wichtigkeitsgrad:
1) Was ist **heute** die wichtigste Aufgabe? Was muss heute unbedingt erledigt werden? Dies sind Ihre A-Prioritäten – schreiben Sie diese rot.
2) Welche Dinge müssen so bald wie möglich erledigt werden? Diese Aufgaben sind zweitrangige Aufgaben – schreiben Sie diese blau.
3) Schreiben Sie jeden Abend Ihre Erfolge groß auf eine ganze Seite!

Die zweitrangigen Aufgaben erledigen Sie immer dann, wenn Sie alle wichtigen Aufgaben erledigt haben und Ihnen noch Zeit bleibt!

Als Nächstes überlegen Sie sich Ihre **Wochenziele!**
1) Was sind meine **Wochenziele?**
2) Was *muss* ich diese Woche unbedingt erledigen, um mein Ziel zu erreichen? A-Priorität!
3) Was *möchte* ich diese Woche erledigen? B-Priorität!
4) **Die Wochenerfolge** bitte groß und farbig auf eine ganze Seite schreiben!

Planen Sie nun einen ganzen **Monat!**

1) Was sind meine **Ziele des Monats?**
2) Was *muss* ich diesen Monat unbedingt erledigen, um mein Ziel zu erreichen? A-Priorität!
3) Was *möchte* ich diesen Monat erledigen? B-Priorität!
4) **Die Monatserfolge** bitte groß und farbig auf eine ganze Seite schreiben!

Planen Sie nun Ihre **Jahresziele!**
1) Was sind meine **Ziele für dieses Jahr?**
2) Was *muss* ich in diesem Jahr unbedingt erledigen, um meine Ziele zu erreichen? A-Priorität!
3) Was *möchte* ich in diesem Jahr erledigen? B-Priorität!
4) **Die Jahreserfolge** bitte groß und farbig auf eine ganze Seite schreiben!

> Tue erst das Notwendige, dann das Mögliche, und plötzlich schaffst du auch das Unmögliche. *(Franz von Assisi)*

Setzen Sie sich nun ein **langfristiges Ziel!** Es dürfen auch mehrere Ziele sein!
Stellen Sie sich folgende Fragen:
1) Was möchte ich gern in 5 Jahren erreicht haben?
2) Was bin ich bereit für mein Ziel zu tun?

Tragen Sie Ihre Listen stets bei sich, so haben Sie immer Gelegenheit, Dinge hinzuzufügen oder abzuhaken. Es eignet sich ein Timer, in dem Sie alles unterbringen. Lesen Sie erst dann weiter, wenn Sie erste Ziele festgelegt haben, die Sie immer weiter ergänzen!

1.2 Finden Sie Ihre Berufung

Wir alle haben Visionen und Träume. Wir alle möchten tief in unserer Seele daran glauben, dass wir etwas bewirken, dass wir andere Menschen auf eine ganz besondere Art erreichen und vielleicht sogar die Welt, in der wir leben, ein wenig zum Besseren verändern. – Erlauben Sie sich über Ihre Ideen zu träumen und nehmen Sie all Ihre Gedanken dankbar an, ohne gleich zu denken, das geht doch sowieso alles nicht. Alles ist möglich, wenn Sie sich erst einmal entschieden haben.

Beantworten Sie nun die folgenden drei Fragen:
• Was können Sie besonders gut?
• Welche Tätigkeiten lassen Sie Glück empfinden?
• Welche Tätigkeitsfelder lassen Sie regelrecht die Zeit vergessen?

Bitte nehmen Sie sich jetzt etwas Zeit und lesen Sie erst weiter, wenn Sie alles aufgeschrieben haben! Nehmen Sie jeden Impuls wahr und schreiben Sie ihn auf. Hinterlegen Sie zu jeder Idee, wie Sie sich fühlen, wenn Sie diese Tätigkeit ausführen, und sammeln Sie Ressourcen.

Wenn Sie glauben, etwas gefunden zu haben, was Ihre Berufung sein könnte – lassen Sie sich nicht aufhalten, es in die Tat umzusetzen. Verlassen Sie sich jetzt auch ruhig einmal auf Ihr Bauchgefühl. Hören Sie auf Ihre innere Stimme, die Ihnen in jedem Moment sagt, was Ihnen Spaß und Freude macht und was wirklich gut für Sie ist.

Oft können wir bestimmte Dinge mit dem Verstand nicht lösen. Auch Entscheidungen sind häufig nicht erklärbar, doch haben Sie Vertrauen, Sie tun das Richtige. Übrigens, Sie sind bereits auf dem Weg, Ihre Berufung zu finden.

1.3 Entdecken Sie Ihr Talent

Denken Sie nun zuerst einmal darüber nach, was Sie besonders gut können und was Ihnen leicht von der Hand geht. Sie dürfen jetzt auch ruhig einmal an Ihre Hobbys denken. Ich wusste schon recht früh, was ich gern tat und in welche Richtung es gehen sollte, wurde damit aber nicht ernst genommen. Ich habe beispielsweise schon als Teenager meine Freundinnen behandelt und konnte nicht tatenlos bleiben, wenn ich bei Freunden, Bekannten und Verwandten auch nur einen kleinen Pickel entdeckte. Ebenso gehörte die Massage immer schon zu meinen Hobbys. Daran hat sich bis heute nichts verändert. Klagt ein nahestehender Mensch (dazu gehören auch meine Kunden) über Rückenbeschwerden, muss ich einfach helfen, ich kann gar nicht anders. Man könnte mich für eine Behandlung sogar nachts wecken. Das liegt ganz sicher daran: Wenn ich eine Massage gebe, ist nicht nur mein Kunde glücklich, ich selbst bin es auch. Es tut mir selbst gut und ich fühle mich sogar entspannt, weil ich während meiner Arbeit komplett abschalte. Ich denke an nichts anderes mehr, alles um mich herum wird völlig unwichtig – ich vergesse Zeit und Raum. Kann nicht mehr aufhören. Es macht mir einfach nur Spaß, hebt meine Stimmung – euphorisiert mich.

Vielleicht haben Sie ja schon so eine Ahnung, bei welcher Tätigkeit es Ihnen ganz ähnlich ergeht?

Beobachten Sie sich ab heute ganz aufmerksam und vertrauen Sie Ihrem Bauchgefühl. Sie können es trainieren, besser hinzufühlen oder, wie sagt man so schön, hinzuhören, was Ihre innere Stimme Ihnen sagen möchte. Führen Sie positive Dialoge mit sich selbst und glauben Sie an sich. Auch Sie haben eine ganz besondere Gabe und Sie werden sie entdecken. Achten Sie auf die Tätigkeiten, die Ihnen wirklich leicht von der Hand gehen und Spaß machen. Seien Sie von nun an sensibilisiert und aufmerksam.

1.4 Das Erfolgsjournal als Entscheidungshilfe

Schauen Sie von nun an einmal genauer hin, beobachten Sie sich und Ihre Talente! Führen Sie 21 Tage lang Buch über die Tätigkeiten, die Sie besonders gern tun und die Sie glücklich machen. Nehmen Sie sich ein kleines Heft und schreiben darauf:

ERFOLGSJOURNAL!

Ihr persönliches Erfolgsjournal ist nun Ihr Begleiter für die nächsten 3 Wochen!

Schreiben Sie nun all die Dinge auf, die Ihnen in der Vergangenheit besonders gut gelungen sind. Damit sammeln Sie Beweise und Referenzerlebnisse dafür, was Sie alles richtig gut können und was alles in Ihnen steckt. Sie werden sich bewusst, welche Talente in Ihnen schlummern. Diese Referenzerlebnisse können Sie regelrecht aufheitern und aufbauen, wenn Sie einmal einen schlechten Tag haben, also Tage, an denen Sie sich weniger wie ein Gewinner fühlen. Dann wird Ihr innerer Dialog nicht so positiv sein und Ihr persönlicher Kritiker fängt an, Ihnen zu erzählen, was Sie gerade alles nicht auf die Reihe bekommen. Dies ist dann genau der richtige Zeitpunkt, sich mit Ihren Beweismitteln zu beschäftigen, um sich zu erinnern, dass Sie sehr wohl etwas können.

Schauen Sie sich Ihre positiven Talente immer wieder an und beginnen Sie nun, jeden Tag fünf persönliche Erfolge in Ihr Büchlein zu schreiben. Sicher überlegen Sie am Anfang, ob das eine oder andere wirklich ein Erfolg ist, es können auch kleine Dinge sein, die Ihnen im Moment vielleicht lächerlich vorkommen, und doch fühlen Sie sich besonders gut mit diesem Erlebnis. Am besten Sie fangen sofort an – spätestens innerhalb der nächsten 24 Stunden. Lassen Sie sich überraschen, Sie werden innerhalb der kommenden Wochen genau den richtigen Bereich finden, der zu Ihnen passt. Wichtig ist jetzt nur, dass Sie ohne Unterbrechung 21 Tage konsequent Ihr Erfolgsjournal führen.

1.5 Wie Sie die richtige Entscheidung treffen

Es ist ganz einfach! Wenn Sie etwas so gerne tun, dass Sie darin eintauchen und alles um sich herum vergessen, haben Sie auch schon den richtigen Bereich gefunden. Was ist es, was Sie wirklich erfüllt und ein Lächeln in Ihr Gesicht zaubert? Nehmen Sie es leicht, aber bedenken Sie: Bei der Wahl, die wir treffen, handelt es sich um eine weitreichende Entscheidung, denn es geht hier immerhin um etwas, was wir dann vielleicht ein ganzes Leben lang tun müssen. Es geht um Ihre Zukunft.

Manchmal müssen wir viele Hürden überwinden und haben es nicht leicht, unseren Berufswunsch auch wirklich umzusetzen. Doch wenn wir feststellen sollten, dass wir nicht die richtige Wahl getroffen haben und unsere Tätigkeit nicht ganz unserer Vorstellung entspricht, weil wir vielleicht beeinflusst wurden, sind wir erst einmal enttäuscht und versuchen es sicher nicht so schnell mit der nächsten Ausbildung, die uns dann wieder viel Zeit kostet. Wieder büffeln und bei null beginnen? Kein so angenehmer Gedanke. Aber Sie fühlen jetzt, um was es hier geht. Ist die erste Berufswahl nicht gut überlegt, bedeutet das, dass wir uns erst einmal schwer (noch schwerer) tun, uns für einen neuen Weg zu entscheiden.

1.6 Vom Beruf zur Berufung

Lassen Sie uns einmal darüber nachdenken, was eigentlich der Sinn unserer beruflichen Tätigkeit ist.

Wir möchten Geld verdienen, um
unsere Existenz zu sichern,
uns sicher zu fühlen,
unsere Bedürfnisse zu befriedigen,
uns etwas leisten zu können,
unabhängig zu sein,
uns selbstzuverwirklichen,
anerkannt zu werden,
eine gute Lebensqualität zu haben,
einen Beitrag zu leisten,
Erfüllung und Selbstbestätigung zu finden.

Der Beruf ist so gesehen ein Spielfeld unserer Möglichkeiten.

Jeder Mensch ist einzigartig und hat seine ganz persönliche Aufgabe hier auf Erden. Entsprechend seinen Talenten wählt der Mensch sein berufliches Spielfeld aus, auf dem er sich austoben möchte. Ein Pilot zum Beispiel kann nur Pilot werden, weil ein großer Teil seiner Fähigkeiten sich in dem Bereich analytisch-strukturiert bewegt. Ein innovativ-kreativer Mensch wäre mit den vielen Vorschriften und Regeln völlig überfordert und für diesen verantwortungsvollen Beruf völlig ungeeignet. Jeder Mensch fühlt sich seinen Fähigkeiten entsprechend zu einem bestimmten Tätigkeitsfeld hingezogen. Ein Handwerker möchte etwas bauen, ein Promoter etwas managen und verkaufen, ein Banker liebt es, mit Zahlen und Geld umzugehen, ein Unternehmer unternimmt etwas, setzt Dinge um und muss ständig Ergebnisse sehen usw. Versetzen wir einen Starverkäufer in die Buchhaltung und setzen ihn plötzlich für völlig andere Dinge ein, wird er sich dort sicher unwohl fühlen und auf die Dauer krank werden – ihm fehlt sein Spielfeld.

Nehmen Sie es leicht! Sehen Sie das Leben ruhig einmal als Spiel. Ein Spiel muss Spaß machen, sonst verlieren wir die Lust und haben keine Motivation mehr. Es gehört zu einem Spiel dazu, sich anzustrengen, Hürden und Hindernisse zu überwinden. Alle Hindernisse, die sich uns in den Weg stellen, lassen uns nur stärker werden und lassen uns an der Aufgabe wachsen. Nehmen Sie die Herausforderung an, Hindernisse zu überwinden, und Sie werden erkennen, dass es ein wichtiger Prozess in Ihrer Persönlichkeitsentwicklung ist. Wenn wir das so annehmen können, werden unsere Hindernisse kleiner und letztendlich werden sie ganz verschwinden, wie auch ein Problem verschwindet, wenn wir es als Lernprogramm für unsere Entwicklung nicht mehr brauchen. Machen wir uns bewusst, dass nichts, was wir tun, im Leben umsonst ist, auch wenn wir uns manchmal die Frage stellen, warum habe ich das jetzt überhaupt getan. All unser Handeln dient dazu, als Mensch und als Persönlichkeit zu reifen, und ist immer für einen Entwicklungsschritt gut. Also bleiben Sie am Ball und lassen Sie sich nicht ablenken. Behalten Sie stets Ihr Ziel im Auge!

1.7 Von der Hausfrau zur Unternehmerin

In den vielen Jahren meiner Lehrtätigkeit konnte ich unendlich vielen Menschen zu einem erfolgreichen Start in die Selbstständigkeit verhelfen. Ich habe es immer wieder erlebt, wie sich Menschen positiv verändern und wieder anfangen zu leben, wenn sie es geschafft haben, ihren Traum zu verwirklichen. Obwohl es sich in dem Berufsbereich der Kosmetik insbesondere um Frauen handelt, die davon träumen, endlich unabhängig zu sein, möchte ich Ihnen gern eine Geschichte von einem ehemaligen Schüler erzählen:

In einem meiner Fußpflegekurse saß einmal ein junger Mann, der seit Jahren Hausmann war, weil er in seinem Beruf als Maurer keine Stelle fand. Mir fiel gleich auf, dass er recht frustriert, unsicher und traurig wirkte. In der Vorstellungsrunde erzählte er, er sei seit 2 Jahren Hausmann, weil er keinen Job in seinem Beruf finde. Er halte seiner Frau den Rücken frei, indem er den Haushalt manage und auf ihr gemeinsames 2-jähriges Kind aufpasse. Die anderen 21 Damen im Raum waren begeistert und gaben Kommentare ab wie: Oh wie toll, das hätte ich auch gern. Als ich ihn fragte, wie er auf die Idee gekommen sei, nun die Fußpflege zu erlernen, antwortete er, er mache die Ausbildung nur, um seine Frau noch mehr zu unterstützen. Wieder waren die Damen äußerst beeindruckt und er kam kaum noch zu Wort aufgrund der vielen Komplimente. Ich bat ihn uns zu verraten, was seine Frau beruflich mache, und er erzählte, sie führe seit 10 Jahren eine Fußpflegepraxis, und das ziemlich erfolgreich. Die Praxis laufe so gut, dass sie dringend Unterstützung benötige und jemanden einstellen müsse, deshalb sei er nun bei uns. Er habe seiner Frau schon mehrfach bei der Fußpflege zugeschaut und habe so zwar eine Ahnung, worauf er sich einlasse, wisse aber noch nicht, ob es ihm auch wirklich Spaß machen würde. Er sagte, er habe eigentlich nur ein Ziel, er wolle auf keinen Fall weiterhin zu Hause sitzen und ihm sei schon fast alles lieber als das, Hauptsache, er habe bald wieder eine Aufgabe. Ich war gespannt, ob ihm die Fußpflege liegt, wie er es umsetzt, und stellte recht schnell fest, dass er ein gutes Händchen hat und ein super Handwerker ist. Er machte die Prüfung mit »sehr gut« und ich sah ihn nach einigen Monaten zu einem Ganzkörpermassagekurs wieder. Wenn ich nicht sicher gewusst hätte, dass es sich um den gleichen Herrn handelte, hätte ich es nicht geglaubt. Ich hatte den Eindruck, er sah jünger und frischer aus, wirkte sehr zufrieden, charismatisch und glücklich. Er erzählte, dass die Kunden seiner Frau von seiner Fußpflege sogar noch begeisterter seien und dass er in der kurzen Zeit schon über 70 Neukunden gewonnen habe. Viele seiner Kunden fragten ihn immer wieder nach Körpermassage und weil Massage seine neue Leidenschaft sei, sei er nun wieder bei uns. Nach circa 1 Jahr hörte ich erneut von ihm. Er rief mich an, weil seine 16-jährige Tochter gern die Kosmetik erlernen wollte, und fragte nach einem freien Ausbildungsplatz. Wieder hörte ich nur Gutes von ihm und ich freute mich für ihn und seine Frau, das alles so prima läuft. Er erzählte, dass sie gerade die Praxis umbauen und eine Wellnessoase daraus machen würden. Seine Tochter, die sich schon immer für die Kosmetik interessiere, solle dann auch mit ins Geschäft einsteigen. – Heute ist diese Wellnessoase eine der schönsten und erfolgreichsten unserer Region. Ich bin sehr stolz auf meinen ehemaligen Schüler. Er hatte sein Ziel, wieder eine echte Aufgabe zu haben, erreicht, und das noch dazu äußerst erfolgreich.

Seien wir doch mal ehrlich, welche Frau oder welcher Mann ist schon glücklich und zufrieden damit, kein eigenes Einkommen zu haben? Sich gerade in der heutigen Zeit, wo Frauen in sämtlichen Berufen auf dem Vormarsch sind, unterzuordnen und sich in eine Abhängigkeit zu begeben kann einfach nicht gut sein. Den Lebenspartner oder andere Institutionen um Geld zu bitten nagt am Selbstwertgefühl.

In jedem von uns schlummert der Wunsch nach Veränderung und wir alle sind auch bereit, Dinge zu verändern, damit es uns in irgendeiner Form besser geht. Jeder Mensch wünscht sich ein glückliches, erfülltes Leben und dazu gehört ganz besonders ein Beruf, der Spaß und Freude macht. Ist man beruflich nicht zufrieden oder schlimmstenfalls sogar arbeitslos, wirkt sich das auf unser komplettes Leben aus. Unsere Partner, Kinder und nahestehenden Menschen bekommen zu spüren, dass wir nicht zufrieden sind. Wenn dann noch hinzukommt, dass wir von unserem (Ehe-)Partner abhängig sind, kann das Leben anstrengend werden. Eine gewisse Unabhängigkeit hingegen vermittelt uns Sicherheit, gibt uns Ruhe. Gerade in Liebesbeziehungen ist es tödlich, wenn man mit dem Gefühl leben muss, immer weitermachen zu müssen, auch wenn die Liebe längst gestorben ist. Finanzielle Unabhängigkeit hingegen ist ein sicheres Fundament für unser Leben und wirkt sich so auch förderlich auf eine glückliche und erfüllte Partnerschaft aus.

Doch wie schafft man es, seine Komfortzone zu verlassen, und wie kommt man heraus aus dem alten Trott?

> Nicht weil es schwer ist, wagen wir es nicht, sondern
> weil wir es nicht wagen, ist es schwer. *(Seneca)*

Zunächst einmal ist es natürlich wichtig, dass Sie eine Idee zum Thema Traumberuf haben, für den Sie jeden Morgen gern aufstehen. Sind Sie beispielsweise in der Wellnessbranche wirklich richtig und entdecken Ihre Leidenschaft für die Kosmetik und / oder Fußpflege, ist der Start ganz einfach. Im Vergleich zu allen anderen Branchen ist hier die Investition sehr gering und der unmittelbare Gewinn äußerst lukrativ. Eine mobile Fußpflege zum Beispiel kann bei 20 Einsatztagen und nur 5 Behandlungen pro Tag schon recht interessante Gewinne erzielen. Aber auch im Bereich der Kosmetik ist es durchaus möglich, sich in sehr kurzer Zeit eine sichere Existenz aufzubauen. Doch ganz gleich für welchen Beruf Sie sich entscheiden, halten Sie das Risiko in Schach und beginnen Sie lieber etwas kleiner, vorsichtiger und bescheidener, als sich gleich zu verzetteln. Bringen Sie eine Sache immer erst perfekt zu Ende, bevor Sie mit der nächsten beginnen. Behalten Sie im Auge, dass Sie das, was Sie tun, mit ganzem Herzen, in voller Hingabe und Leidenschaft tun, und machen Sie keine faulen Kompromisse. Sie werden so ganz automatisch weiterkommen und Ihr Erfolg wächst wie ein kleiner Baum, den Sie an einem guten Platz auf nährreichem Boden gepflanzt haben.

Wer neugierig geworden ist und gern mehr über die Kosmetik und Fußpflege erfahren möchte, findet auf meiner Homepage:

www.cosmeda-international.de detaillierte Informationen rund um die Berufsbilder. Ich wünsche Ihnen viel Freude beim Lesen.

1.8 Innere Werte

Für einen ganzheitlichen Erfolg sind aber nicht nur die richtige Berufswahl und eine entsprechende Fachkompetenz wichtig, auch menschliche Werte spielen eine lebensnotwendige Rolle. Ganz besonders in Dienstleistungsberufen punkten Sie mit folgenden Eigenschaften:

- Ehrlichkeit
- Natürlichkeit
- herzliche Freundlichkeit
- Einfühlsamkeit und Mitgefühl
- Verbindlichkeit und Verbundenheit
- Zuverlässigkeit und Hilfsbereitschaft
- Integrität
- Souveränität
- Flexibilität
- Loyalität

Mit der Bereitschaft, immer wieder an sich selbst und an Ihren Fähigkeiten zu arbeiten, können Sie bis in den Himmel wachsen – vorausgesetzt Ihr Motiv ist, stets Ihr Bestes zu geben, um eine harmonische Beziehung zu Ihren Kunden und eine dauerhafte Kundenbindung aufzubauen. Ein wichtiger Leitspruch von mir: Tue immer mehr als nötig und höre niemals damit auf!

1.9 Wirtschaftskrise als Chance

Aktuell beschäftigen sich viele Menschen mit der Wirtschaftskrise, wo wir auch hinhören, man hört immer wieder von einer schlechten Markt- und Auftragslage.

Doch je mehr Sie sich mit schlechten Botschaften befassen, desto schlechter wird es Ihnen ergehen, denn Ihr Denken ist angstbesetzt. Ihr Fokus ist nicht mehr auf Ihr Ziel gerichtet, Ihre Motivation schwindet und Sie verlieren kostbare Zeit. Solche Botschaften können sich verbreiten wie ein Grippevirus und zur Epidemie werden. Lassen Sie sich nicht anstecken! Konzentrieren Sie sich auf das, was Sie können und erreichen möchten, und nicht auf das, was eventuell alles schiefgehen könnte. Bleiben Sie positiv!

Wie schafft es zum Beispiel die uns allen bekannte schwedische Möbelkette, in solch einer Zeit erfolgreich zu bleiben oder vielleicht sogar noch erfolgreicher zu werden als vor der sogenannten Wirtschaftskrise? Schaut man sich die Geschichten erfolgreicher Unternehmen näher an, erkennt man, dass diese in solchen Zeiten völlig positiv bleiben. Ihre Aufmerksamkeit ruht auf dem Fortschritt und einer positiven Entwicklung des Unternehmens. Sie lenken ihre Energien auf Qualitätssicherung und Werbemethoden, die greifen. Sie tun etwas, statt zu jammern, und verschwenden nicht ihre wertvolle Zeit, indem sie sich mit Hiobsbotschaften befassen.

> »Das Durchschnittliche gibt der Welt ihren Bestand, das Außergewöhnliche ihren Wert.« *(Oscar Wilde)*

Auch in schlechten Zeiten kommen Unternehmen, die etwas Besonderes und Außergewöhnliches bieten, trotz aller Umstände voran. Eine konstante positive Entwicklung erreichen wir, indem wir uns in einen guten Zustand versetzen. Denken wir ständig: »Oje, wenn es mich jetzt auch erwischt« oder »Bei der schlimmen Wirtschaftslage wird es uns sicher auch bald treffen«, so wird das auch geschehen. Wie sollen wir uns bei derartigen Gedanken fühlen? Da können wir doch nur noch den Kopf hängen lassen und uns schlecht fühlen. Lenken Sie Ihre Aufmerksamkeit auf negative Ereignisse, so warten Sie unbewusst darauf, dass sich diese bewahrheiten. Lassen Sie das gar nicht erst zu, geben Sie negativen Gedanken keinen Raum. Konzentrieren Sie sich auf das Gute in Ihrem Umfeld, auf Ihr Weiterkommen und geben Sie Ihr Bestes. Menschen, die mehr tun als nötig, werden dafür auch belohnt und eine Wirtschaftskrise nicht bemerken. Eine alte Dame sagte einmal zu mir: »Sie tun immer so viel für mich, viel mehr, als Sie es müssten, man kann Sie mit Geld gar nicht bezahlen.« Ich überraschte sie oft mit Kleinigkeiten und sie nannte es die Zugabe des Herzens. Menschen eine Freude zu machen kann so einfach sein und Sie glauben ja nicht, wie viel zu Ihnen zurückkommt, ohne dass Sie das erwarten. Besonders Dienstleistungsberufe sind deshalb recht krisensicher, weil wir hier kein Unternehmen aufbauen, sondern Beziehungen zu Menschen, die uns auch verbunden bleiben, wenn das Geld knapper würde. Also geben Sie Gas, statt sich mit schlechten Nachrichten zu infizieren!

1.10 Von der Vision zum Ziel

Oft wünscht man sich etwas und wenn es so weit ist, hat man Angst vor dem letzten Schritt. Sie tun das Richtige! Glauben Sie fest an Ihre Fähigkeiten und hören Sie auf Ihr Herz!

Wenn Sie erst einen Beruf, der Ihr Traumberuf ist, gefunden haben, werden Sie ganz sicher Ihre Berufung darin entdecken. Das ist eine positive Nebenwirkung und bedeutet auch, dass Sie Erfolg haben werden.

Doch am Anfang steht immer erst die Vision. Schafft man es, eine Vision zu realisieren, hat sie auch Zukunft. Eine Vision ist die Inspiration und Motivation, die Ihnen die Energie und Kraft gibt, Ihre Zukunft zu gestalten.

Nehmen Sie sich jetzt etwas Zeit und träumen Sie einfach einmal über Ihre Vision!
Lehnen Sie sich ganz entspannt zurück und schließen Sie die Augen. Stellen Sie sich nun vor, wie Sie einer wunderschönen Fee begegnen, die zu Ihnen sagt: Was wünschst du dir von ganzem Herzen? Du hast 6 Wünsche frei – ich werde sie dir erfüllen. Lassen Sie sich Zeit und nehmen Sie Ihre Gedanken und Wünsche genau wahr. Prägen Sie sich jedes Detail ganz genau ein und schreiben Sie später auf die letzte Seite Ihres

Erfolgsbuches die 6 Wünsche. Verwenden Sie mindestens 2 Wünsche für Ihr berufliches Weiterkommen und schreiben Sie sie farbig!

Schreiben Sie wieder fleißig in Ihr Büchlein und ergänzen Sie Ihre Ziele. Stellen Sie sich auch folgende Fragen:
Wie soll meine Zukunft aussehen?
Was ist meine Vision?

1.11 Ein besonderer Meilenstein auf meinem Weg

Um genau das zu tun, was man sich wünscht im Leben, müssen wir uns oftmals gerade nahestehenden Personen widersetzen. Die meisten Menschen gehen lieber den Weg des geringsten Widerstandes. Um Ärger zu vermeiden, tun sie das, was andere von ihnen erwarten und treffen nicht ihre eigene Entscheidung. Andere resignieren und belassen lieber alles beim Alten, bevor sie sich anstrengen, Argumente zu finden, zu diskutieren und sich durchsetzen. Sich für eine Sache stark zu machen kostet uns manchmal sogar Freundschaften. Obwohl wahre Freunde uns niemals verloren gehen, schafft allein der Umzug in eine andere Stadt Distanz. Freunde und Verwandte wollen natürlich nur das Beste für uns und unsere Zukunft und meinen es nur gut. Aber wie wollen sie wissen, was uns glücklich macht und was uns wirklich guttut?

Ich erinnere mich nur zu gut daran, wie meine Mutter zu mir sagte: »Ach Kind, bleib doch lieber auf der Schönheitsfarm, etwas Besseres kannst du doch gar nicht bekommen.« Sie hatte recht, ich arbeitete auf einer Schönheitsfarm und das war sicher schon etwas Besonderes. Aber ich arbeitete für kleines Geld, sechs, sieben Tage die Woche, ohne Mittagspause, zehn, elf Stunden pro Tag, und all das machte mich überhaupt nicht glücklich. Mein Vater hingegen sagte zu mir: »Was kann dir schon groß passieren, du bist noch jung und wenn du auf den Bauch fällst, stehst du auf und machst weiter.« Diese Affirmation klingt zwar etwas rauer, hat mich aber mein Leben lang positiv begleitet.

Mein größter Traum war es, mich mit einer eigenen Kosmetikpraxis selbstständig zu machen, und es gab nichts Größeres für mich, als mein eigener Chef zu werden.

> Wirklich reich ist, wer mehr Träume hat, als die Realität zerstören kann. *(Autor unbekannt)*

So startete ich zunächst mit meinem Köfferchen und der mobilen Fußpflege. Da ich recht schnell, in weniger als einem halben Jahr, einen Kundenstamm von über 120 Menschen aufbaute und die Nachfrage nach klassischer Kosmetik immer größer wurde, eröffnete ich 1984 eine kleine Praxis in der Rintelner Altstadt. Um das Risiko und die Kosten klein zu halten, renovierte ich meine Praxis selbst. In Tag- und Nachtarbeit habe ich Tapeten abgerissen, Wände gespachtelt,

Teppichboden und Laminat verlegt. Bei dem Bau einer Rezeption half mir ein Freund, der handwerklich sehr geschickt war. Das Ergebnis sah später sehr edel aus. So erreichte ich mit viel Eigenleistung, Fleiß und Liebe zum Detail ein sehr ansprechendes Ergebnis und meine Ausgaben blieben im Rahmen meines kleinen Budgets. Ich hatte sogar noch genügend Geld für die Einrichtung übrig. Im Verkaufsraum hatte ich eine circa fünf Meter lange Wand, die ich für Verkaufsschränke vorgesehen hatte. Es war gar nicht so einfach, etwas Schönes zu finden, aber auch die Preise für fünf Glasvitrinen schockierten mich. Letztendlich fand ich doch noch etwas Passendes bei der bekannten schwedischen Möbelkette, was auch für meinen Geldbeutel erschwinglich blieb. Ich war sehr glücklich und stolz, ich hatte es endlich geschafft, meine kleine, aber feine Praxis war fertiggestellt. 50 qm auf zwei Etagen, verbunden durch eine Wendeltreppe, mit zwei Behandlungskabinen und einem Verkaufsraum mit zwei großen Schaufenstern, was wollte ich mehr?

Schon nach wenigen Monaten stellte ich fest, all die Mühe hat sich gelohnt. Meine Kunden waren sehr zufrieden mit meiner Arbeit und schickten mir ständig neue Interessenten. Alles lief traumhaft und ich wurde etwas mutiger, investierte in einen Geräteturm und schaffte einen Slide Styler an, um Schlankheitsbehandlungen durchzuführen. So passte es auch, als mich eines Tages ein Messerepräsentant ansprach und mich zu einer Wirtschaftsmesse einlud, die er gerade organisierte. Er erzählte von meinen Kolleginnen und Mitbewerbern, die sich dort auch mit kleinen Ständen präsentierten. Ich bat ihn um einen Tag Bedenkzeit und telefonierte mit meinem Bruder, der mir bei der ganzen Aktion sicher helfen konnte. Er sagte, wenn du das machen möchtest, musst du richtig groß auftreten, sonst kannst du es gleich sein lassen. Mein Bruder versprach mir, mich tatkräftig zu unterstützen, und organisierte mir einen superprofessionellen Messestand. Ich mietete währenddessen einen großen Messestandplatz an mit 7,50 m Länge und 5,50 m Tiefe. Wir bauten meine komplette Praxiseinrichtung dort auf, von der Kabineneinrichtung bis hin zu Schminkplätzen und Geräten für die Schlankheitsanwendungen. Natürlich stellte ich auch sämtliche Verkaufswaren aus. Meine Praxis war fast komplett ausgeräumt, sämtliches Equipment befand sich auf dem Messestand. Wir bauten einen Fernsehturm mit drei Geräten auf, um alle Interessenten optimal über meine Arbeit zu informieren. Hier liefen nonstop Infofilme über die Kosmetik. Auch lud ich mehrere Referenten ein: Ein Hautarzt sprach über Allergien, ein namhafter Hersteller über Wirkstoffkosmetik und Anti-Aging, ein weiterer über Laserbehandlung in der Kosmetik. Ich präsentierte viele meiner Behandlungstechniken und sprach mittels Mikrofon über meine Arbeit. Highlight und die Sensation war mein Schlankheitskonzept, das ich selbst entwickelt hatte. Ich verkaufte rund 30 Abonnements. Das entsprach einer Einnahme von fast 30.000 DM und war ein wahrer Segen, denn der Messestand kostete über 10.000 DM und ich hatte nur 5.000 DM. Wer nicht wagt, der nicht gewinnt.

Nach circa einem halben Jahr hatte ich so viel zu tun, dass ich meine Praxis auf 185 qm vergrößerte und zwei feste Mitarbeiterinnen einstellte. Aus einer kleinen Kosmetikkabine und einer kleinen Fußpflegekabine wurden nun eine große

Kosmetikkabine mit drei Schminkplätzen, zwei Fußpflege-
kabinen und zwei Körpermassagekabinen. Ich kann aus Erfahrung sagen, wenn man seine Berufung gefunden hat und
wirklich weiß, was man erreichen möchte, entwickelt man
ungeahnte Kräfte. Man wird hochkreativ und es steht einem
ein unglaubliches Potenzial an Energie zur Verfügung. Wenn
es Berufung ist, sind Sie richtig gut und der Lohn dafür ist,
Sie sind erfolgreich!

Ich hatte immer ein riesengroßes Urvertrauen und wusste,
was ich anfasse, gelingt mir auch. Aber ich hatte es auch nicht
leicht bei der Umsetzung meiner Ideen. Ich erinnere mich
noch, wie meine Tante, die Schwester meiner Mutter, reagier-
te, als sie hörte, was ich vorhabe. »Du? Nein, das kannst du
doch nicht. Das wird doch nichts. Lass da mal lieber die
Finger von. Da gibt es doch schon so viele …« usw.

Ich vergesse sicher auch nie, als ich das erste Mal mein Schaufenster dekorierte und draußen stand, um mein Werk zu
begutachten, als ein gut gekleideter Herr mittleren Alters stehen blieb und mich fragte: »Was wird das denn hier?« Ich antwortete ganz stolz: »Das wird eine Naturkosmetikpraxis mit
medizinischer Fußpflege.« Und er sagte: »Na, da bin ich ja
mal gespannt, wie lange das gut geht, hier in diesem Geschäft
sind bisher alle pleitegegangen.« Ich war schockiert und
sprachlos, diese Aussage beschäftigte mich noch Tage und
Wochen. Ich dachte: »Na warte, dir werd ich schon zeigen,
dass ich das anders mache!« Ich wusste, er ist Besitzer eines
Modekaufhauses und brachte ihm einen Behandlungsgut-
schein. Dieser später sehr nette Herr wurde mein bester

Kunde. Er kam regelmäßig, sogar alle 3 Wochen, zur Fußpflege und wurde ein großer Fan meiner Fußreflexzonenbehandlung.

Das war für mich ein überaus prägendes Ereignis. Ich war sensibilisiert und konzentrierte mich noch mehr auf mein Ziel: die besten Beziehungen zu meinen Kunden aufzubauen – das heißt ein hervorragendes Empfehlungsmanagement (Network-Marketing) – und so eine erfolgreiche Praxis zu führen.

>>Ein Hindernis ist etwas, das wir sehen, wenn wir den Blick von unserem Ziel abwenden.<< *(unbekannter Autor)*

Hören Sie nicht auf die negativen Kommentare anderer Menschen, denn diese wissen nicht, was Ihnen wirklich guttut. Was gut für Sie ist, sagt Ihnen Ihre innere Stimme. Lassen Sie sich nicht aufhalten, das zu tun, was Sie sich von ganzem Herzen wünschen. Fokussieren Sie Ihr Ziel und behalten Sie es im Auge. Lassen Sie sich nicht durch die negativen Aussagen anderer Menschen verunsichern oder aus dem Konzept bringen. Es tut nachhaltig weh, einen Traum aufzugeben, weil man sich durch andere sabotieren lässt und völlig die Lust verliert weiterzumachen. Sie sind der Regisseur Ihres Lebens und nur Sie allein tragen die Verantwortung für Ihr Leben. Sie selbst sind schuld, wenn Ihr Traum platzt wie eine Seifenblase. Wenn es auch oftmals das Einfachste ist, anderen Menschen die Schuld für den eigenen Misserfolg zu geben, und wir sie dafür verantwortlich machen wollen, dass wir erst gar nicht damit beginnen unseren Traum zu realisieren. Wir ganz allein sind für unseren Erfolg oder auch Misserfolg verantwortlich. Wenn Sie das erkannt haben, sind Sie weniger beeinflussbar. Sie selbst können sich mit einer Sache motivieren oder demotivieren. Sie haben immer die Wahl, ob Sie ein Ziel im Auge behalten, es weiterverfolgen oder sich von der Meinung anderer Menschen lahmlegen lassen. Ob Sie weiterkommen im Leben, liegt ganz allein bei Ihnen und in Ihrer Hand. Mein Tipp: Bleiben Sie beharrlich und geben Sie nicht auf! Hören Sie niemals auf zu rudern, sonst treibt Sie der Strom zurück!

> »Beginnen können ist Stärke, vollenden können ist Kraft!«
> *(Laotse)*

1.12 Wesentliche Entwicklungsschritte

Meine erste Praxis lief traumhaft und nach einem Jahr hatte ich sie also vergrößert. Ein weiterer Entwicklungsschritt auf meinem Weg – der mich mit Stolz und tiefer Dankbarkeit erfüllte. Mein Vermieter, der meine Taten auf eine gewisse Weise ständig beobachtete, sah mich mehr als rund um die Uhr in meinem Geschäft. Ich arbeitete durchschnittlich 15 Stunden am Tag und war in der Regel von morgens 7.00 Uhr bis abends 22.00 Uhr im Einsatz. Ich wusste, mein Vermieter war von meinem Einsatz und Fleiß begeistert. Schließlich hielt ich ja auch den Rekord, die Miete kam pünktlich und der ständige Wechsel hatte auch endlich ein Ende. Zuverlässige Mieter, die ihre Räumlichkeiten behandeln, als seien diese ihr Eigentum, waren auch damals schon echte Raritäten. Sicher bot mir mein Vermieter nicht nur aus Mitleid eine frei werdende Wohnung an, die direkt an meine Praxisräumlichkeiten angrenzte. Er hatte ja vollkommen recht, als er sagte, es sei alles einfacher für mich, wenn ich nach einem arbeitsreichen Tag gleich an Ort und Stelle schlafe und nicht mehr nach Hause fahren muss. Die Idee mit der Wohnung fand ich prima – mit dem Gedanken, dort zu wohnen, konnte ich mich allerdings weniger anfreunden. Ich hatte vom ersten Moment an, als ich wusste, die Wohnung wird frei, eine neue Vision, es war an der Zeit, meine Praxis zu vergrößern. So wurde, mit der Erlaubnis meines Vermieters, ein Durchbruch in die Nachbarwohnung gemacht und aus meiner kleinen Praxis wurde ein richtiges Institut. Endlich hatte ich mehr Platz und konnte neue Ideen entwickeln. Jetzt standen mir fünf Behandlungskabinen und ein Schulungsraum zur Verfügung und ich konnte so richtig Gas geben. Meine ersten Seminare gab ich für einen bekannten italienischen Produkthersteller. Ich gab zunächst Produktschulungen, weil das alles ziemlich gut lief, durfte ich auf den internationalen Messen mit dabei sein. Da ich zu diesem Zeitpunkt gerade eine Ausbildung zur Ayurveda-Therapeutin machte und Ganzkörpermassage als neue Leidenschaft entdeckte, war ich auf den Messen für die Massagepräsentationen zuständig. Das machte mir so unendlich viel Freude, dass ich anfing, eigene Massageabläufe zu entwickeln, unter anderem die Yin-Tang-Massage. 80 Minuten Verwöhnprogramm pur – eine Massage vom kleinen Zeh bis in die Haarspitze. Doch

mein Tag hatte nur 24 Stunden und ich musste mir gut überlegen, für wen oder was ich meine Energie einsetze. Ich konzentrierte mich also auf meine eigenen Schulungen und baute
meine Praxis weiter auf.

Meine Praxis war eine absolute Goldgrube. Mit circa 800 Fuß-
pflegekunden und circa 400 Kosmetikkunden in der Kartei
hatte ich mir nicht nur eine sichere Existenz, sondern auch
eine Monopolstellung aufgebaut. Als ich meine Praxis nach
10 Jahren verkaufte, fiel mir der Verkauf nicht leicht, denn das
bedeutete auch, meinen Kundenstamm aufzugeben. Doch
der Grund für diese Entscheidung verlieh mir ganz viel Größe.
Es war die Geburt meines Sohnes Aron im Jahr 1995. Dieses
Ereignis war für mich das schönste und größte Geschenk im
Leben, das ich mir nur vorstellen konnte. Ich möchte Ihnen
an dieser Stelle gern noch von meinen beiden anderen wun-
derbaren Söhnen, Noah und Leonard, erzählen, die 1999 und
2003 zur Welt kamen. Meine Kinder sind neben meinem Mann
für mich das Wertvollste, was mich umgibt, und der größte
Reichtum in meinem Leben. Meine Jungs geben meinem
Leben Beständigkeit und einen ganz besonderen Inhalt. Tag
für Tag lassen sie mich Liebe in reinster Form erfahren.

Ich annoncierte ein halbes Jahr, bis ich, so schien es, die
Richtige gefunden hatte. Eine gelernte Bankkauffrau mit
einem großen homöopathischen Wissen und Interesse an der
Kosmetik und Fußpflege. Ich bildete sie in allen Bereichen
aus und verkaufte ihr mein Goldstübchen. Ich hätte mir niemals vorstellen können, dass der Verkauf meiner Praxis auch
der Untergang meiner Praxis war, nach einem Jahr war alles

heruntergewirtschaftet und die Praxis zu. Kurz nach dem Verkauf meiner Praxis traf ich viele meiner Kundinnen in der Stadt, diese fragten mich völlig entrüstet, wer denn jetzt die neue Inhaberin sei in der Brennerstraße? Als ich meine Nachfolgerin beschrieb, kannte sie keiner. Ich hörte unglaubliche Geschichten, unter anderem, die Neue macht keine Hausbesuche mehr, das Geschäft ist ständig zu. Daraufhin rief ich sie selbst an und sie erzählte mir, dass es ihr zu weit sei, ständig von Hameln 20 km nach Rinteln zu fahren, und dass die Kunden sie nicht mögen, dass alle Kunden von meiner ehemaligen Mitarbeiterin, die sie übernommen hat, behandelt werden wollen. Hausbesuche seien ihr zu stressig und von den sechs Altenheimen besucht sie auch keines mehr, das sei so gar nicht ihr Ding. Das war für mich eine sehr interessante, aber auch traurige Erfahrung.

1.13 Cosmeda wird gegründet

Da sich meine Mitarbeiter fortlaufend, nach gründlicher Einarbeitung und Schulung, selbstständig machten und ich mir immer wieder neue Leute ausbilden musste, um meinem Standard und auch meinen lieben, aber verwöhnten Kunden gerecht zu werden, entwickelte ich die Idee auszubilden und gründete im Jahre 1985 die Fachschule Cosmeda & Pedimed.

Dank meiner intensiven Berufserfahrung, 1001 Fortbildungen, vieler Persönlichkeitstrainings und meiner Heilpraktikerausbildung mit anschließendem praktischen Jahr in Hannover hatte ich die nötige Sicherheit und das Fundament, Großartiges auf dem Ausbildungssektor zu leisten. In Tag- und Nachtarbeit erstellte ich eigene Konzepte, die dann 2001 internationale Formen annahmen. Bis heute habe ich weit über 7000 Menschen ausgebildet und geschult.

Ich untermauerte mein Fachwissen ständig mit weiteren Ausbildungen und kann sagen, dass ich in der Kosmetikbranche alle Zusatzausbildungen gemacht habe, die man machen kann, und habe mich darüber hinaus auch mit unzähligen Naturheilverfahren beschäftigt. Viele Handlings und auch sämtliche Massagetechniken sind von mir selbst entwickelt und patentiert.

Beruflich habe ich mich nie mit negativen Gedanken blockiert und habe mich immer mehr mit dem beschäftigt, was ich erreichen wollte. Ich habe es einfach getan, ohne es infrage zu stellen oder mich mit dem Prozess zu beschäftigen, wie viel Arbeit es macht und was alles schiefgehen könnte.

»Wenn der Wind der Veränderung weht, bauen die einen Mauern und die anderen Windmühlen!«
(Chinesisches Sprichwort)

1.14 Mut zur Veränderung

Nur sehr wenige Menschen haben den Mut, in ihrem Leben etwas zu verändern, denn das Neue und Unbekannte macht den meisten Menschen Angst, aus diesem Grund wollen sie auch nicht, dass Menschen in ihrem Umfeld sich verändern. Bei dem Altbewährten weiß man, was man hat, es ist uns vertraut. Kommentare wie: »Das klappt doch sowieso alles nicht« und »Das haben schon ganz andere vor dir versucht« kommen auf den Tisch und wir denken darüber nach. Wir neigen dazu, eher negative Botschaften in uns aufzunehmen, es allen recht machen zu wollen, und hören gern die Meinung anderer. Besonderen Einfluss haben uns sehr nahe stehende Menschen, die uns davor bewahren wollen, Fehler zu machen. Weil wir uns zu Herzen nehmen, was sie uns mit auf den Weg geben, und wir uns fortlaufend mit den negativen Ereignissen beschäftigen, können wir unser Ziel nicht mehr unvoreingenommen verfolgen.

Beschäftigen Sie sich mit all den wundervollen Ereignissen, die eine Veränderung bewirken würde, und bleiben Sie beharrlich, bis Sie Ihr Ziel erreicht haben! Wir brauchen unsere eigenen Erfahrungen, sonst bereuen wir bis zum Ende aller Tage, dass wir es nie probiert haben. Schauen Sie in Ihrem Freundeskreis noch genauer hin, wer Sie in Ihrer Entwicklung fördert und inspiriert und wer Sie nur behindern möchte und Ihr Weiterkommen boykottiert. Echte Freunde wollen, dass es uns gut geht, und es geht uns gut, wenn wir wachsen und uns entwickeln können, denn Wachstum ist die Natur des Lebens. Das soll nicht heißen, dass wir nicht auf einen gut gemeinten sachlichen Rat eines Freundes hören sollen, aber prüfen Sie, ob dieser »Freund« Ihnen wirklich guttut oder ob er Ihnen nur Ihren Elan und Ihre Energie raubt. Lassen Sie sich den Wind nicht aus den Segeln nehmen und bleiben Sie stark und mutig, Ihre alten Pfade zu verlassen, es lohnt sich.

Hierzu möchte ich Ihnen eine kurze Geschichte erzählen:

Es war einmal ein Froschwettbewerb

Da kamen viele Frösche, die auf einen hohen, steilen Berg gelangen sollten, um sich dort die besten Leckerchen und eine große Portion Wasser abzuholen.

Zu diesem Wettbewerb kamen unzählig viele Frösche, um ihre Artgenossen eifrig anzufeuern. Der Wettlauf begann pünktlich, aber keiner der Zuschauer glaubte auch nur annähernd daran, dass ein einziger Frosch auf die Spitze des Berges gelangte. Man hörte immer nur Sätze wie: »Die Armen! Sie werden es nie schaffen! Es ist einfach unmöglich für sie, dort hochzukommen, das ist doch viel zu steil! Oje, sie werden abstürzen, seht nur die spitzen, scharfkantigen Steine dort unten.«

Und tatsächlich gab auch schon bald einer nach dem anderen auf. Außer einem Einzigen, der eifrig und mit großer Anstrengung versuchte, auf den höchsten Punkt des Berges zu gelangen. Unglaublich, aber er erreichte tatsächlich das Ziel.

Nun wollten die Übrigen von ihm wissen, wie er das geschafft hat. Doch als sie ihn fragten, stellten sie fest: Er war taub!

»Tue es, und du wirst die Kraft dazu haben.«

(Ralph Waldo Emerson)

Sicher kennen Sie das Gefühl, von anderen so beeinflusst zu werden, dass Ihnen gar nichts mehr gelingen will? Bezogen auf die Geschichte, hatte der taube Frosch einfach die besten Bedingungen. Er war nicht abgelenkt, sondern völlig auf das Ziel konzentriert und ganz in seiner Mitte. Er war von seinen Fähigkeiten, es zu schaffen, überzeugt und glaubte fest daran, dass er sein Ziel erreichen wird. Der Gewinn, in diesem Fall das Leckerli, verlieh ihm die nötige Motivationskraft. Während seine Artgenossen durch das Gerede und die ständigen negativen Botschaften der Zuschauer regelrecht demotiviert und sabotiert wurden. Die Schilderungen, was tatsächlich alles passieren könnte, lösten Ängste aus und die anderen Frösche begannen an ihren eigenen Fähigkeiten zu zweifeln, sie wurden dadurch abgelenkt und ihrer Kraft beraubt. Sie fühlten sich immer unsicherer und konnten sich nicht mehr auf ihr Potenzial konzentrieren.

Kapitel 2

Erfolg wird im Kopf geschaffen

2.1 Die richtige Einstellung macht Sie zum Gewinner

Das Entscheidende, was Sie auf Ihrem Weg brauchen, ist die richtige Einstellung! Glauben Sie an sich und Ihre Fähigkeiten und beginnen Sie sich ein Bild davon zu machen. Werden Sie kreativ und malen Sie das Bild in Ihren Gedanken bis ins Detail aus. Es ist das Bild Ihrer Zukunft. Spüren Sie einmal genau hin, wie fühlen Sie sich, wenn Sie Ihre Vorstellungen verwirklicht haben? Alles, was ein Mensch je erreicht hat, hat er vorher in seinem Geist strukturiert. Das, woran Sie im Leben am meisten denken, wird Ihre Wirklichkeit.

»It's a minds game«, hat der frühere Formel-1-Weltmeister Mika Häkkinen gesagt. Das Spiel wird im Kopf entschieden. – So wie Sie denken, wird Ihr Leben aussehen. Ob Sie nun denken, Sie schaffen es oder Sie schaffen es nicht, Sie werden in beiden Fällen recht behalten.

»Das Leben besteht in dem, was ein Mensch
den ganzen Tag über denkt.« *(Ralph Waldo Emerson)*

2.1.1 Das Gesetz des Spiegels und das Gesetz der Anziehung

Lassen Sie uns in diesem Zusammenhang zwei wichtige Gesetze betrachten: das Gesetz des Spiegels und das Gesetz der Anziehung.

Das *Gesetz des Spiegels* besagt: Die Welt ist, wie wir sind. Wir kommunizieren eigentlich immer mit uns selbst. Wir erwarten das von anderen, wie wir selbst sind. Ein Mensch, der andere betrügt, ist immer misstrauisch, ebenso betrogen zu werden.

* Wer sich selbst akzeptiert, akzeptiert andere und wird von anderen akzeptiert.
* Wer sich selbst achtet, achtet andere und wird von anderen geachtet.
* Wer sich selbst ablehnt, braucht sich nicht zu wundern, wenn er von anderen abgelehnt wird.

Das *Gesetz der Anziehung* besagt, dass ich genau die Ereignisse, Situationen und Menschen anziehe, die meiner inneren Haltung entsprechen. In diesem Sinne werden Sie genau die Kunden bekommen, die Sie verdienen und die zu Ihnen passen. Gleiches zieht Gleiches an.

Wenn Sie dieses Gesetz überprüfen wollen, so schauen Sie sich einmal verschiedene Restaurants an, vergleichen Sie die Restaurantbesitzer mit deren Mitarbeitern. Wie verhalten sich diese, sind sie freundlich, aufmerksam und zuvorkommend? Und bleiben sie auch noch freundlich, wenn es etwas zu kritisieren gibt? Sie können davon ausgehen, so wie Sie von den Angestellten behandelt werden, so werden diese von ihrem Chef behandelt. Das Gesetz der Anziehung meint: »Vögel mit gleichem Gefieder fliegen zusammen.«

Und jetzt schauen Sie die Menschen an, mit denen Sie sich umgeben, und Sie werden wissen, wer Sie sind. Sicher wollen Sie das nun gar nicht von mir hören, aber wollen Sie andere Menschen oder eine bessere Klientel anziehen, müssen Sie sich ändern!

Das Gesetz der Anziehung hat aber noch eine andere Variante: die Anziehung des Gegenpols. Treten Sie als Bittsteller auf, so dürfen Sie sich nicht über fordernde, dominante oder arrogante Kunden beschweren. Hier können Sie Bezug nehmen auf die Transaktionsanalyse: Die Kindrolle schafft auch die Elternrolle. Und nur wenn Sie erwachsen werden, werden Sie als Erwachsener bzw. Gleichberechtigter behandelt. Werden Sie selbstbewusster, wird auch die Reaktion aus der Umgebung oder von ihren Kunden mehr Achtung und Wertschätzung zeigen. Es setzt eine positive Verstärkung ein, die wiederum ihr Selbstbewusstsein nährt. Eine positive Spirale beginnt.

Ein wunderbarer und vielleicht der wichtigste Effekt von Selbstvertrauen ist: Es macht das Leben erst lebenswert, weil es die Angst aus unserem Leben nimmt. Das Leben wird von einem sehr angenehmen Grundoptimismus geprägt. Und mit weniger Angst werden Sie noch anziehender für Ihre Kunden. Aber dies ist nur ein Aspekt. Es wird alle Bereiche Ihres Lebens positiv verändern, weil die Ursache für fast alle

Probleme in mangelndem Selbstbewusstsein oder Angst liegt.

2.1.2 Selbsterfüllende Prophezeiung

Wir alle sehen unsere Welt so, wie wir sie empfinden. Jeder Mensch hat eine Art Brille auf, durch die er die Welt sieht. Stellen Sie sich vor, dass die Brille, durch die Sie schauen, unterschiedliche Tönungen hat und ähnlich wie eine 3-D-Brille Ihre Sinne täuschen kann. So entstehen unterbewusste und unbewusste Konditionierungen, Wert- und Moralvorstellungen und geistige Blockaden. Entsprechend dieser Brille interpretieren wir die Umstände und schaffen unsere Wirklichkeit.

> »Bei gleicher Umgebung lebt doch jeder
> in einer anderen Welt!« (*Arthur Schopenhauer*)

Wir haben es selbst in der Hand, wie wir über einen anderen Menschen denken, durch welche Tönung wir ihn mit unserer Brille gerade sehen, und tragen so dazu bei, wie er sich uns gegenüber verhält. Denken wir positiv über ihn, ist unser Verhalten ihm gegenüber auch positiv. Denken wir, er ist ein völliger Spinner, verhalten wir uns ihm gegenüber entsprechend unserer Gedanken und lösen so negative Verhaltensmuster in ihm aus.

Wie ein anderer Mensch über uns denkt, ist seine Verantwortung. Wir können seine Brille nicht ändern. Wir aber sind verantwortlich für unsere Gedanken, unsere Absichten, unsere Ängste und Vorstellungen und unser Verhalten. In unserem Denken wird unser Verhalten und das Verhalten anderer uns gegenüber strukturiert. Wenn ich zum Beispiel glaube, dass ein anderer aggressiv und feindselig ist, dann werde ich für jede ärgerliche Reaktion von seiner Seite ganz besonders empfänglich sein und mich ihm gegenüber vielleicht sogar auf eine Art und Weise verhalten, die solche Reaktionen hervorruft.

Dementsprechend gilt:
- Was wir von anderen denken, sagt mehr über uns aus als über den anderen. Was wir von unserem Kunden erwarten, sagt mehr über uns aus als über den Kunden. Derselbe Kunde wird sich verschiedenen Personen gegenüber völlig anders verhalten, sie ganz verschieden bewerten und behandeln.
- Ebenso wird der gleiche Kunde von verschiedenen Personen ganz verschieden erfahren und beurteilt.

Was hat all das jetzt mit Erfolg zu tun?
Positive oder negative Glaubenssätze und Erwartungen schaffen unseren Erfolg oder Misserfolg. Unsere Geschäfte gehen nicht draußen gut oder schlecht, sondern sie laufen in unserem Denken gut oder schlecht. Unsere Liebesbeziehungen oder Partnerschaften werden ebenso gut oder schlecht durch unsere Gedanken beeinflusst.
Das bedeutet, dass unsere Erwartungen sich erfüllen, wenn wir uns lange genug damit beschäftigen. Das, was wir denken, kann morgen schon Wirklichkeit sein.

- Worauf lenken Sie gerade Ihre Aufmerksamkeit?
- In welchem Dialog stehen Sie mit sich selbst?
- Wie ist Ihr Selbstbild?

Sie werden sich nun sicher die Frage stellen, was kann ich tun oder wie kann ich mein Selbstbild und meinen Selbstwert verbessern? Insbesondere Probleme in Beziehungen und im Beruf sind meistens auf ein negatives Selbstbild zurückzuführen. Die Ursache für ein negatives Selbstbild liegt meistens in einem mangelnden Selbstbewusstsein und Angst.

Wie also können wir unser Selbstbewusstsein stärken?

Den Selbstwert stärken wir, wenn wir uns selbst akzeptieren. Eine einfache Übung mit großer Wirkung ist, sich seine eigenen positiven Eigenschaften immer wieder klarzumachen.

Die Übung:
Rufen Sie sich vor dem Einschlafen ins Bewusstsein, was Sie an diesem Tag Gutes geleistet haben; machen Sie sich klar, was Sie an sich wertschätzen! Sie können dies auch mit Ihrem Partner zusammen tun. Erzählen Sie Ihrem Partner von Ihrem Tageswerk und was Sie besonders gut geschafft haben. Sagen Sie Ihrem Partner, was Sie an sich selbst wertschätzen und dann tauschen Sie die Rollen und Ihr Partner erzählt. Abschließend sagen Sie sich, was Sie an Ihrem Partner wertschätzen. Abgesehen davon, dass diese Übung Ihrer Partnerschaft guttut, wird sie auch Ihr Selbstbewusstsein stärken.

Schauen Sie sich hierzu auch noch einmal Ihre Referenz-erlebnisse in Ihrem Erfolgsjournal an! Und ergänzen Sie.

Wenn Sie die Übung lieber für sich allein machen, stellen Sie sich folgende Fragen:

- Was habe ich heute Gutes geleistet?
- Was habe ich besonders gut gemeistert?
- Worauf kann ich stolz sein?
- Was wertschätze ich an mir selbst?

Halten Sie Ihre Aufzeichnungen in Ihrem Erfolgsjournal schriftlich fest!

2.1.3 Der direkte Weg zu mehr Selbstbewusstsein

Die eigentliche Ursache eines mangelnden Selbstwertes liegt in einem mangelnden Bezug zu unserem innersten Selbst. Unser innerster Wesenskern birgt ungeahnte Möglichkeiten. Alles, was je von Menschen geschaffen wurde, hat hier seinen Ursprung.
Die Quelle der Gedanken, unser innerstes Selbst ist ein Bereich unbegrenzter Kreativität und Intelligenz. Sind wir in gutem Kontakt mit unserem Selbst, so haben wir ein gutes Selbstbewusstsein. Es vermittelt das Gefühl: Ganz egal, was auch kommen mag, ich werde immer eine Lösung finden und die Kraft haben, es zu schaffen. Ich habe alle Kreativität des

Universums dafür zur Verfügung. Dieses Bewusstsein unseres schöpferischen Vermögens gibt uns eine Selbstsicherheit, die automatisch Vertrauen in der Umgebung hervorruft. Ihre Kunden spüren dieses Selbstvertrauen, auch wenn sie es nicht klar definieren können und nicht festmachen können, woran es liegt, dass Sie sich bei Ihnen wohlfühlen. Ihr Selbstvertrauen vermittelt dem Kunden eine gewisse Sicherheit. – Ein gutes Selbstvertrauen gibt uns Ruhe und Gelassenheit und ist die Grundlage dafür, dass andere Menschen uns vertrauen. Sie strahlen etwas aus, was auf Ihr Umfeld anziehend wirkt.

> »In dem Moment, in dem du beginnst, dir selbst uneingeschränkt zu trauen, wirst du wissen, wie du handeln sollst.« *(Johann Wolfgang von Goethe)*

Wer sich seiner selbst (= seines Selbst) sicher ist und seinen Wert kennt, erträgt auch Kritik von außen leichter. Ein gesundes Selbstbewusstsein verschluckt Kritik wie ein Ozean einen Stein. Auch von gelegentlicher Ablehnung, Misserfolgen und Rückschlägen lässt sich ein selbstbewusster Mensch nicht so schnell aus der Bahn werfen, weil er seine unbegrenzten schöpferischen Möglichkeiten und seinen Wert kennt.
Ein Schlüssel dazu ist, wieder mehr auf sein Gefühl zu hören. Selbstvertrauen ist nichts anderes, als seinem eigenen Gefühl zu vertrauen. Das ist das berühmte »Bauchgefühl«. Leider haben die meisten Menschen in ihrer Kindheit nicht gelernt, ihre Gefühle auszudrücken. Im Gegenteil, schon sehr früh wurde uns vermittelt, dass man bestimmte Gefühle nicht zeigen darf. Vor allem Jungs müssen auch heute noch ihre

Gefühle unterdrücken, um nicht als »Weicheier« zu gelten. Beispiel: Jungs weinen doch nicht! Wenn jedoch Gefühle ständig verdrängt und unterdrückt werden, kann unsere Intuition sich nicht entwickeln. Bleiben wir bei dem Beispiel, Jungs dürfen nicht weinen. Wie soll man auf sein inneres Gefühl hören, wenn Gefühle nicht zugelassen und ständig unterdrückt werden? Weil die Intuition so ungenügend funktioniert, fühlt man sich nicht sicher mit seinem Bauchgefühl und der Kopf übernimmt die Regie. Intuition ist die Fähigkeit, auf sein Gefühl zu vertrauen. Deshalb: Fangen Sie wieder an, auf sich selbst und Ihre unerschöpfliche Kraft zu vertrauen!

2.2 Die Kraft der Gedanken

Aus all dem wird ersichtlich, dass das, was wir denken und was in unserem Unterbewusstsein abläuft, unser Leben gestaltet. Die Macht unserer Gedanken oder unserer Erwartungen zeigt am deutlichsten der Placeboeffekt. Bruce Mosley hat am Baylor College of Medicine in Houston, Texas Operationen an 180 Arthrosepatienten am Knie durchgeführt. 60 davon wurden nicht wirklich operiert, stattdessen wurde bei ihnen nur ein Scheineingriff vorgenommen. Nach zwei Jahren berichteten 90 Prozent über eine deutliche Verbesserung der Beschwerden. Die meisten, die völlig schmerzfrei waren, gehörten zu den Patienten ohne Operation.

> »Achte auf deine Gedanken!
> Sie sind der Anfang deiner Taten!« *(Konfuzius)*

Wir alle haben schon vom Placeboeffekt gehört und vielleicht sogar eigene Erfahrungen. Was aber bedeutet Placeboeffekt? Stellen Sie sich einmal vor, Sie haben Angst vor großen schwarzen Hunden und jemand sagt Ihnen, dass direkt vor Ihrer Haustür ein solches Tier sitzt. Ein beklemmendes Gefühl breitet sich in Ihnen aus, Sie haben eine bestimmte Erwartung und ein Effekt manifestiert sich in Ihrem Körper. Im Falle unseres Beispiels handelt es sich um Angst, obwohl gar kein schwarzer Hund da ist. Allein Ihre Vorstellungskraft versetzt Ihren Körper in Angst und Panik. Das ist die Macht Ihres Unterbewusstseins. Ein anderes Beispiel: Sie nehmen eine Tablette, weil Sie starke Kopfschmerzen haben. Kurze Zeit darauf verschwinden Ihre Kopfschmerzen und es geht Ihnen besser. Bei der Tablette, die man Ihnen verabreicht hat, handelte es sich aber nur um einen Traubenzucker. Sie sehen, die Kraft unserer Gedanken ist unglaublich stark und nicht zu unterschätzen. Kein Wunder, wenn die moderne Quantenphysik sagt, dass »die Substanz, das Eigentliche der Materie, Geist ist« (Max Planck). Die moderne Wissenschaft stellt diese Tatsache nicht mehr infrage.

Hierzu eine kleine Geschichte aus meiner Naturkosmetikpraxis:
Vor vielen Jahren behandelte ich einmal eine Kundin, die inmitten der wunderschönen Massage eine Herzattacke bekam. Sie glaubte, es sei ein Herzinfarkt, und geriet plötz-

lich völlig in Panik. Ich blieb ruhig, setzte sie etwas auf und lagerte sie so, dass der Oberkörper hoch und die Füße tiefer waren. Notfalllagerung bei Infarktpatienten. Während ich beruhigend auf sie einging, nahm ich ihre Hand, um ihren Puls zu fühlen, der so schnell war, dass ich ihn kaum zählen konnte. Alles, was ich dann tat, geschah recht schnell. Auf dem Weg zum Telefon, um einen Arzt zu rufen, öffnete ich das Fenster, sodass sie viel frische Luft bekam, und gab ihr die Information, dass ich ihr ein Glas Wasser hole. Währenddessen rief ich meinen Hausarzt an und schilderte die Situation. Wenige Minuten später, als ich gerade dabei war, meiner Kundin das Wasser zu geben, war dieser auch schon da – seine Praxis befand sich gleich um die Ecke, in der Parallelstraße. Sonst hätte ich direkt einen Krankenwagen plus Notarzt bestellt.

Mein Hausarzt untersuchte sie und ging zurück zu seiner Tasche. Ich stand direkt neben ihm und konnte genau beobachten, was er tat. Er nahm eine Tablette aus einer Glasflasche, auf der »Placebo« stand. Meine Kundin war nun so hysterisch, dass ich nur noch froh war, nicht mit ihr allein zu sein. Sie sagte immer nur, ich sterbe, ich sterbe, mein Herz, bitte helfen Sie mir! Mein nettes Doktorchen zwinkerte mir zu und sagte mit fester Stimme zu ihr: »Diese kleine Tablette wird Ihrem Herzen sofort helfen, schön langsam auf der Zunge zergehen lassen! Er packte sein Equipment ein und fühlte erneut ihren Puls. »Na, das schlägt doch besser als ein Schweizer Uhrwerk, alles wieder in Ordnung, jetzt können Sie Ihre Massage zu Ende bringen.« Ich begleitete ihn zur Tür und er sagte: »Ich hoffe für Sie, dass Sie solche Kunden nur einmal im Jahr haben. Bei solch einer schönen Massage eine

Panikattacke zu bekommen ist einfach nur schade. Ich habe ihr ein Placebo gegeben.« Ich brauchte danach erst einmal eine kurze Auszeit, um mich von dem Schreck zu erholen. Diese Erfahrung machte mir deutlich, wie machtvoll Worte und Gedanken sind.

Verstehen Sie jetzt, welche Bedeutung unsere Gedanken und unsere inneren Dialoge haben? Mit jedem Gedanken erschaffen wir unsere Wirklichkeit. Unser Leben von heute ist das Ergebnis der Gedanken von gestern.

Über das autonome Nervensystem kommunizieren wir permanent mit unserem Selbst. Das autonome Nervensystem ist eine *multidimensionale Intelligenz*. Es ist die genialste Intelligenz der Natur. Überlegen Sie einmal: Diese Intelligenz kann 10^{23} Prozesse gleichzeitig (!) erledigen. Eine 10 mit 23 Nullen. Eine gigantische Zahl. Manche Wissenschaftler setzen diese Zahl sogar noch viel, viel höher an. Unser Verstand ist dagegen im Vergleich recht bescheiden, um nicht zu sagen dumm. Er kann nur linear denken und gerade mal zwei bis drei Dinge gleichzeitig tun – das ist immerhin bei den Frauen so.

2.2.1 Wie Sie sich ein glückliches Umfeld schaffen

Viele Situationen im Leben lassen uns glauben, wenn andere Menschen dieses oder jenes anders machen, wäre das Zusammenleben oder die Zusammenarbeit einfacher und es würde uns besser gehen. Wenn Sie so denken, machen Sie es sich sehr einfach. Es sind nicht die anderen, die sich ändern müssen, damit wir glücklich und zufrieden sind. Wir selbst müssen den Mut aufbringen, uns zu verändern. Das bedeutet, Verantwortung für unser Leben zu übernehmen. Deshalb erwarten Sie Veränderungen nicht von außen oder von anderen Menschen, denn kein Mensch kann wissen, was Sie brauchen, um glücklich zu sein. Niemand kann Ihre Gedanken lesen oder Ihre Erwartungen erfüllen ohne eine klare Ansage, was Sie sich wünschen.

> »Die Schönheit im Herzen eines Menschen ist erhabener als diejenige, die man mit den Augen sehen kann.« *(Khalil Gibran)*

Machen wir ein Experiment! Beginnen Sie bei sich selbst, Ihr Verhalten zu verändern, und Sie werden sofort spüren, wie sich auch Ihr Umfeld positiv verändert. Gibt es einen oder mehrere Menschen, mit denen Sie immer wieder einen Konflikt haben, schauen Sie einfach einmal auf deren gute Seiten. Konzentrieren Sie sich auf positive Erlebnisse oder Eigenschaften, die Sie mit diesen Menschen erlebt haben, und versuchen Sie, ihnen in Liebe zu begegnen. Sie werden staunen, wie Sie Ihr Umfeld – und auch Ihre Mitmenschen – verändern, wenn Sie selbst sich ändern. In jedem Moment haben Sie die Wahl, sich selbst und somit auch Situationen zu verändern. Auch Ihre Lebensumstände lassen sich unmittelbar ändern, wenn Sie dazu bereit sind. Es ist nur eine Sache der Entscheidung und es ist nie zu spät! Doch leider fällt es vielen Menschen sehr schwer eine Entscheidung zu treffen. Sie sind, wie heißt es so schön, ständig am Herumeiern, sind nicht

Fisch und nicht Fleisch und machen auch keine klaren Aussagen. Lieber soll alles beim Alten bleiben. Das Altbekannte vermittelt immerhin ein sicheres Gefühl. Wenn Sie sich ein anderes und vielleicht besseres Leben wünschen, ist es jetzt an der Zeit, auch einmal über den Tellerrand zu schauen. Seien Sie ehrlich zu sich selbst und tun Sie, was getan werden muss, um zu erreichen, was Sie sich von Herzen wünschen. Und denken Sie immer daran, alles, was Sie brauchen, um ein glückliches und erfolgreiches Leben zu führen, tragen Sie bereits in sich!

2.2.2 Gedanken erschaffen unsere Wirklichkeit

Stellen Sie sich nun vor, wie wundervoll Ihre Zukunft *ist*. Sehen Sie vor Ihrem geistigen Auge all die Dinge, die Sie sich sehnsüchtig wünschen, und glauben Sie fest an Ihre Vision – so als sei all das längst schon in Ihrem Leben. Kreieren Sie sich eine Fantasiewelt und verarbeiten Sie Ihre Wünsche in Bilder. Sie haben eine glückliche Partnerschaft, gesunde Kinder, ein schönes Zuhause und natürlich genügend Geld, um sich all die Dinge leisten zu können, die Sie sich wünschen. Fühlen Sie einfach einmal, wie es ist, so zu leben, wie Sie es sich wünschen. Malen Sie sich jetzt alles ganz genau aus! Wie ist Ihr Umfeld? Welche Menschen sind im Spiel? Leben Sie gedanklich in dem Haus, das Sie sich wünschen. Richten Sie es ein und füllen Sie es mit Leben.
Das Gleiche tun Sie nun mit Ihrem Traum, beruflich erfolgreich zu sein. Wo sehen Sie sich? Was genau tun Sie? Wie geht

es Ihnen mit Ihrer neuen Tätigkeit? Sind Sie Mitarbeiter/in oder selbstständig?

Wählen Sie die Gegend, in der Sie Ihr Geschäft eröffnen *werden* (nicht: wollen), genau aus. Wie ist der Name Ihres Geschäftes? Wie sieht Ihr Geschäft aus? Stellen Sie sich die Räumlichkeiten, den Eingangsbereich und gegebenenfalls auch die Schaufenster vor. Wie ist Ihr Geschäft eingerichtet? Machen Sie sich auch Gedanken, welche Kunden Sie ansprechen wollen. Sind diese eher jung oder schon etwas älter? Sind sie anspruchsvoll oder schlicht und einfach strukturiert? Passt das Ambiente zu Ihren Kunden? Was ist das Besondere, was Sie Ihren Kunden bieten? Warum fühlen sich die Menschen bei Ihnen wohl?

Wichtig: Sie selbst müssen Teil des Filmes in Ihrem Kopfkino sein! Sehen Sie sich zusammen mit den Menschen die Ihr Geschäft füllen, sehen Sie Ihr Foto in der Zeitung, auf Flyern, Katalogen oder auf Ihrer Visitenkarte.

> »Darum sage ich euch, alles, worum ihr betet und bittet –
> glaubt nur, dass ihr es schon erhalten habt,
> dann wird es euch zuteil.« *(Mk. 11, 23–24)*

Leben ist ein Feld aller Möglichkeiten, vergessen Sie das nicht. Durch unser Selbstgespräch schaffen wir uns alle Möglichkeiten des Lebens! Der kosmische Bestellservice ist in uns. Alles, was um uns herum existiert, der Computer, auf dem ich gerade schreibe, das Haus, in dem Sie wohnen, die komplette Einrichtung, der Stuhl, auf dem Sie sitzen, alles wurde zuerst in Gedanken geformt und ist in unserem Bewusstsein entstanden.

Bevor ich anfing, dieses Buch zu schreiben, träumte ich viele Jahre davon. Ich stellte mir jedoch selbst immer wieder neue Hindernisse in den Weg. Und hatte viele Argumente, warum ich es nicht tat. Mein Kritiker erzählte mir ständig, ich solle den Quatsch bloß sein lassen – ich habe doch von solchen Dingen gar keine Ahnung und sei doch keine Autorin, das braucht Erfahrung und viel zu viel Zeit, die ich nicht habe. Manchmal brauchen die Dinge Zeit, um zu reifen – verstehen Sie jetzt, warum Visionen und Ziele so wichtig sind? Sie selbst strukturieren Ihre Zukunft und erschaffen Ihren Erfolg! Sie müssen sich nur damit beschäftigen! Wenn Sie sich immer wieder mit Armut und Misserfolg befassen, erschaffen Sie Armut und Misserfolg. Was wir erwarten, wird sich erfüllen. Das, woran Sie beständig denken, das wird Ihre Wirklichkeit. Was Ihrer vorherrschenden Geisteshaltung entspricht, das ziehen Sie an.

> »Mit unseren Gedanken formen wir die Welt!« (*Buddha*)

Das ist die Formel, wie Sie Ihre Wunschzukunft schaffen können. Achten Sie in diesem Zusammenhang auf Ihr *Selbstgespräch*. Womit befasst sich Ihre innere Kommunikation? Mit Erfolg oder Misserfolg? Mit Lösungen oder mit Problemen? Mit freudigen Ereignissen oder mit Sorgen? Mit Wohlstand oder mit Armut? Mit Gesundheit oder Krankheit? Psychologen behaupten, dass nur etwa 3 Prozent unserer Gedanken positiv sind, 27 Prozent negativ und der Rest: überflüssig.

Es ist die Bestellung, die Sie beim Universum aufgeben. Der kosmische Bestellservice ist Ihr innerstes Selbst. Die Quelle aller Gedanken ist der Stoff, aus dem das ganze Universum geschaffen ist. Die Quantenphysik nennt diesen Bereich das *Einheitliche Feld*, aus dem die ganze Schöpfung permanent entsteht. Es ist reine »Potenzialität«, aus der wir entsprechend unserem »Erwartungsfeld« (H. P. Dürr) unsere Wirklichkeit jeden Augenblick neu schaffen.

Arbeiten Sie an Ihrer mentalen Einstellung!

- Seien Sie in Dankbarkeit: Sagen sie *Danke* für all das Schöne, was schon in Ihrem Leben ist! Damit lenken Sie die Aufmerksamkeit und Energie auf die positiven Dinge in Ihrem Leben und verstärken sie.
- Achtung und Respekt: Achten und respektieren Sie sich selbst! Nur so können Sie anderen Menschen mit Achtung und Respekt begegnen!
- Seien Sie sich bewusst: Das Leben ist ein Feld aller Möglichkeiten. Die Vorräte der Schöpfung sind unbegrenzt. Alles, was Sie brauchen, tragen Sie bereits in sich.
- Folgen Sie Ihren innersten Wünschen und Zielen: Wünsche sind Ausdruck der Lebensenergie, die sich manifestieren möchten.
- Leben Sie Ihren Traum: Geben Sie niemals Ihre Träume auf. Träume sind wie ein Lebenselixier.
- Akzeptieren Sie Ihre Mitmenschen: Jeder Mensch ist einzigartig.
- Verantwortung: Übernehmen Sie die Verantwortung für Ihr Leben! Sie selbst sind der Regisseur.

- Geben Sie Ihr Konkurrenzdenken auf! Niemand kann Ihnen wegnehmen, was Ihnen zusteht. Es ist das Gesetz: »Wie du säst, so wirst du ernten.« Sie werden immer das bekommen, was Ihnen zusteht.
- Glück: Wer glücklich sein und in Harmonie leben möchte, muss sich oft verändern. Nicht die anderen – wir müssen uns ändern!
- Anerkennung: Wir alle haben eine tiefe Sehnsucht nach Liebe und Anerkennung.
- Liebe: Wenn Sie sich Liebe wünschen, müssen Sie Liebe geben. Nur wer Liebe gibt, bekommt auch Liebe zurück.

Ändern Sie Ihr Verhalten und Sie verändern die Welt, in der Sie leben. Wir brauchen doch Reichtum, Glück und Erfolg nur zu gestatten, in unser Leben zu treten. Machen Sie endlich Schluss mit dem Armutsdenken!

2.3 Der innere Schweinehund – der Kritiker

Unser Selbstgespräch ist absolut entscheidend für unseren Erfolg! In unserem Kopf entsteht unsere Wirklichkeit und das Außen ist die Projektion unserer inneren Gedankenwelt.

In uns befinden sich bildlich gesprochen zwei Antagonisten: der Kritiker und der Motivator. Der Kritiker ist unser Miesmacher, er stellt ständig alles infrage. Der Motivator dagegen ist unser Antrieb, unsere innere Motivation und Inspiration.

Der Kritiker hemmt und blockiert durch seine negativen

Denk-, Einstellungs- und Verhaltensmuster ganz fundamental unseren Erfolg. Er hat eine äußerst begrenzte Sicht, die durch gewisse Programme, Glaubenssätze, Vorurteile und unrealistische Erwartungen bedingt sind. Man könnte auch sagen, er ist wie jeder Schweinehund als kleines, »unschuldiges« Ferkelchen geboren und wird durch die begrenzten und einschränkenden Vorstellungen und Erfahrungen der Eltern, Geschwister, Onkel und Tanten, durch Freunde und vor allem durch die Schule gefüttert und genährt, bis er zu einem ausgewachsenen Schweinehund herangewachsen ist und uns das Leben schwer macht.

Schon bald hat unser Ferkelchen verinnerlicht: »Man muss, das macht man nicht, das tut man nicht, das ist nicht möglich.« Das kleine, zunächst unschuldige Ferkelchen hat immer nur auf andere gehört und ist jetzt voll fremdbestimmt. Schlimm dabei ist, dass dieser inzwischen ausgewachsene Schweinehund die Herrschaft über unser ganzes Leben übernommen hat. Er ist so sehr Teil von uns selbst, dass wir tatsächlich glauben, dass das, was uns dieser Kerl einredet, tatsächlich unsere eigene Meinung sei. Dabei lässt er uns wie eine Marionette an seinen Fäden tanzen.

Jedes Mal, wenn wir zum Beispiel Neues ausprobieren möchten, quatscht er uns dazwischen: »Das kann doch nicht gut gehen, das haben andere auch schon probiert, da haben sich schon andere eine blutige Nase geholt, das kannst du niemals schaffen, probier es, du wirst schon sehen, du fällst auf die Nase, das ist zu aufwendig, das ist sinnlos, was werden die anderen sagen, was passiert, wenn es schiefgeht.«

Unserem Kritiker fehlen alle Eigenschaften zu einem guten Ratgeber: Der innere Schweinehund muss permanent kommentieren, seinen Senf dazugeben, zweifeln, bewerten, verurteilen, beschränken, blockieren, entmutigen und wirft uns so permanent Steine vor die Füße.

- *Er hat Angst* (= mangelndes Selbstbewusstsein) vor Ablehnung, nicht gut dazustehen, sich zu blamieren und das Gesicht zu verlieren, sich lächerlich zu machen, schwach zu erscheinen, nicht recht zu haben, nicht anerkannt zu werden, hat Angst vor der eigenen Courage, ist feige, verklemmt, hat eigenartige Ansichten, nimmt ein »Nein« oder Beschwerden persönlich, kann seine Schwächen, Sorgen oder Ängste nicht zeigen, hat Angst, ausgeschlossen zu werden (Möwe Jonathan),
- *zweifelt*, vor allem an sich selbst, und hat ein mangelndes Selbstbewusstsein, ob ich das schaffe, ob der Kunde mich mag, ob der Kunde kauft, schon letztes Mal war er so komisch,
- *spielt Rollen*, zeigt eine falsche Fassade, hat ein Imponiergehabe, liebt die Show, will sich keine Blöße geben, muss wichtig erscheinen und darf natürlich auch nicht krank werden,
- *ist fremdbestimmt*, von Meinungen anderer geprägt, übernimmt Sichtweisen anderer, will es allen recht machen, will immer allen gefallen, hat keine eigene Meinung, spricht in man-Form, ist negativ, passt sich immer an, will mitschwimmen, übernimmt keine Selbstverantwortung,
- *ist demotivierend*, ist überkritisch, kritisiert sich selbst, macht sich selbst klein, ist träge und mutlos,

- *ist ein Pessimist,* sieht überall Probleme, hält alles für schwierig, interpretiert Kleinigkeiten als übergroße Probleme,
- *hat negative Erwartungen,* die Menschen sind nicht zuverlässig, die Kunden sind schwierig, der kauft eh nicht, der wird wieder versuchen, den Preis zu drücken, erwartet Einwände,
- *wehrt sich vor Veränderung,* will alles beim Alten lassen, »das hab ich doch immer so gemacht«, »das hat sich bewährt«. Neues macht ihm Angst,
- *weiß alles besser,* weil er Angst hat, sonst nicht anerkannt zu werden, wird er zum scheinbaren »Alleswisser«,
- *hat falsche Glaubenssätze,* »ich muss immer perfekt sein«, »alle müssen mich lieben«, »ich werde nur geliebt, wenn ich mich anpasse, verbiege, verstelle«,
- *hat Begrenzungen,* liebt Gewohnheiten (das hab ich schon immer so gemacht), denkt in Schablonen, lehnt Neues ab, hat Angst vor Unbekanntem, lässt sich von alten negativen (oder auch positiven) Erfahrungen einschränken,
- *macht sich Sorgen,* erwartet Katastrophen,
- *motiviert nicht zum Handeln,* ist träge, hat die Krankheit der »Aufschieberitis«,
- *kann Altes nicht loslassen,* weil das Neue und Unbekannte Angst macht.

Und für all das findet er gute Gründe! Er rationalisiert.
Er hat eine extrem »selektive Wahrnehmung« (Erich Fromm). Alles, was seine begrenzte Sicht erweitern könnte, sortiert er aus. Nur was seine eigene Brille und Sicht bestärkt, lässt er gelten, um zu beweisen, dass er alles richtig macht.

> » Ein aufrichtiger Gedanke kann
> Himmel und Erde bewegen!« *(Aus China)*

2.4 Der innere Motivator

Unser Motivator als Inspirator. Da ist aber noch eine andere
Stimme in uns, die uns fördert, nährt und aufbaut.

Unser Motivator motiviert und inspiriert uns durch seine
Visionen und Ziele. Er hat Werte und gibt uns die Kraft, sie zu
verwirklichen. Er weiß, was für uns richtig ist, und kann uns
den Weg weisen. Er lässt uns liebevoll zu uns selbst sprechen
und verkörpert unsere soziale Intelligenz, die uns befähigt,
die Gefühle anderer und die eigenen wahrzunehmen und
auszudrücken.

Menschen mit positiver Einstellung:
- haben ein gutes Selbstbewusstsein,
- haben ein grundlegendes Vertrauen in ihre Fähigkeiten,
- nehmen sich mit all ihren Stärken und Schwächen an,
- pflegen ein aufbauendes Selbstgespräch,
- haben positive Glaubenssätze,
- haben eine positive Sprache,
- machen sich selbst Mut,
- sehen einen Sinn in ihrer Arbeit,
- sind zuversichtlich und haben keine Angst vor der Zukunft,
- sehen Möglichkeiten statt Probleme,
- sehen Krisen als Chance,

- haben ihre Aufmerksamkeit auf ihren Erfolgen und positiven Erfahrungen,
- freuen sich über kleinere Erfolge und genießen diese, belohnen sich selbst,
- können angemessene Kritik annehmen,
- versuchen, auch aus verfahrenen Situationen das Beste zu machen,
- können sich selbst verzeihen,
- freuen sich über Anerkennung und können diese annehmen,
- vertrauen anderen Menschen und akzeptieren deren Meinung,
- umgeben sich mit positiven Menschen und vermeiden Menschen, die immer nur kritisieren,
- sind präsent und konzentrieren sich ganz auf den Augenblick und
- versuchen nicht, andere zu verändern, sondern an sich selbst zu arbeiten.

2.5 Abbau von mentalen Begrenzungen und Blockaden

Eine kleine Geschichte aus der Verhaltensforschung mag Ihnen veranschaulichen, wie wir durch unsere Konditionierungen und Programme behindert werden. Wenn Sie ein Aquarium zu Hause haben, können Sie den folgenden Versuch ja vielleicht sogar selbst einmal durchführen.

*Stellen Sie sich vor Ihrem geistigen Auge ein Aquarium vor,
in dem viele bunte Fische herumschwimmen. Stellen Sie sich
nun vor, wie eine Glaswand in der Mitte des Aquariums auf-
gestellt wird, die von den Fischen im Wasser zunächst nicht
erkannt wurde. Die Fische stießen deshalb immer gegen die
Glasscheibe. Nach einer gewissen Zeit jedoch akzeptierten
sie, dass es hier nicht weiterging, und drehten kurz vor dieser
Stelle um. Sie hatten inzwischen gelernt: »Hier ist meine
Welt zu Ende«, und entwickelten ein Programm. Selbst als
die Scheibe nach einiger Zeit entfernt wurde, drehten sie
trotzdem an der gleichen Stelle um.*

Leider sind wir uns meist nicht bewusst, dass wir alle derartige Programme, Konzepte und Glaubenssätze haben, die uns
begrenzen. Manche Dinge halten wir für möglich und die
sind dann auch möglich; manche Dinge halten wir für nicht
möglich und die sind dann auch nicht möglich!

Der erste Schritt, diese Blockaden zu beseitigen, ist, sich dieser
Begrenzungen bewusst zu werden. Viele der ungewünschten
Konditionierungen entstanden in der Kindheit. Oft hilft es
schon, sie bewusst dorthin zurückzustellen.

- Achten Sie auf Ihr Selbstgespräch!
- Überprüfen Sie Ihr Selbstbild!
- Wo und wie sabotieren Sie sich selbst?
- Blenden Sie Ihren Kritiker aus!
- Hören Sie auf Ihren Motivator!

2.5.1 Unser Verhalten ist neuronal verankert

Unser Verhalten beruht auf neuronalen Verbindungen. Gedanken, Glaubenssätze, Gefühle und Wünsche werden chemisch registriert. Glaubenssätze und Verhalten haben ihre Basis in neuronalen Verbindungen. Tun wir bestimmte Dinge immer wieder, werden die Nervenbahnen durch die Wiederholung verstärkt und damit auch die Denk- und Verhaltensmuster. Unser Denken und Verhalten ist also körperlich verankert. Es folgt den Nervenbahnen, die durch Wiederholung bestimmter Denkmuster geschaffen wurden. Geistig laufen wir also immer und immer wieder die gleichen Wege entlang, die bereits heftige Spurrillen haben. Ähnlich einer alter Schallplatte, die einen Sprung hat.
Die physischen Bahnen werden immer tiefer und es wird immer schwieriger, aus diesen Fahrrinnen, sprich: Konditionierungen, auszubrechen. Wir laufen sozusagen auf festgelegten Schienen und sind uns dessen meistens gar nicht bewusst.

Sobald ein Glaubenssatz fest verankert wird, wird er zu einem Befehl für unser autonomes Nervensystem!

Befassen Sie sich mit neuen positiven Glaubenssätzen und lenken Sie immer häufiger die Wahrnehmung auf Ihre positiven Eigenschaften, Talente und Möglichkeiten, so wird dies schließlich zum normalen Verhalten. Es werden neue neuronale Bahnen und Verbindungen geschaffen und ein neues Denken und Verhalten physiologisch verankert.

Hierzu ein Beispiel aus der Praxis:

Eine sehr nette Kundin von mir litt viele Jahre an Panikattacken. Ihre Angst hatte sie eines Tages so im Griff, dass sie kaum noch aus dem Haus ging. Sie konnte nicht allein sein und auch nicht mehr Auto fahren. Als sie mir davon erzählte, befasste ich mich mit dem Krankheitsbild und fand heraus, dass sie eigentlich nur ihre Glaubenssätze verändern muss, um aus dieser Einbahnstraße wieder herauszufinden und gesund zu werden. Das klingt natürlich viel zu einfach, als dass es funktionieren könnte, aber ob Sie es glauben oder nicht, meine Kundin hatte schon in recht kurzer Zeit tolle Erfolge. Ich holte sie zu Hause ab, nahm sie mit in meine Praxis und schickte sie den Weg allein wieder zurück, der durch einen kleinen Feldweg führte. Bevor sie losging, schrieben wir Affirmationen auf wie: Ich habe Zeit und gehe ganz in Ruhe nach Hause. Ich schaffe das mit Leichtigkeit, denn ich habe in meinem Leben schon ganz andere Dinge geschafft. Ich ermutigte sie damit, dass sie mich von unterwegs jederzeit anrufen kann und ich schon in wenigen Minuten bei ihr sein kann, wenn sie mich braucht. Auch habe ich sie damit motiviert, dass sie sich unbedingt zu Hause mit etwas belohnen soll, etwas, worauf sie sich freuen kann, und sie solle mich anrufen, wenn sie angekommen ist. Es lief erstaunlich gut und als sie mich anrief, erzählte sie mir, sie habe sich unterwegs schon belohnt, indem sie einen hübschen Wildblumenstrauß gepflückt habe. Sie hatte es sogar genossen, den Weg allein zu gehen, und hatte lediglich, als sie losging, ein wenig Angst. Sie berichtete, sie habe sich von Anfang an mit den Affirmationen abgelenkt und dann zusätzlich mit den Blumen beschäftigt. Wir arbeiteten weiter an ihrem Problem und da ich die Person ihres Vertrauens war, hatte ich einen außerordentlich guten Einfluss auf sie. Das Ergebnis war einfach großartig, sie fuhr sogar wieder Auto. Seit dieser Erfahrung beschäftige ich mich mit der Kraft unseres Unterbewusstseins.

2.5.1.1 Verkaufsblockaden

Mangel an Selbstvertrauen

a) Vertrauen ist die Basis menschlichen Zusammenlebens, genauso wie es die Grundlage einer Geschäftsbeziehung oder des Verkaufens ist. Vertrauen nimmt aus verschiedenen Blickwinkeln eine ganz zentrale Stellung ein.

> »Wenn sich ein Mensch vertrauensvoll auf seine Träume
> zu bewegt und danach strebt, das Leben zu leben,
> das er sich vorgestellt hat, wird er mehr Erfolg haben,
> als er je erwartet hat.« (*Henry David Thoreau*)

Ein Mangel an Vertrauen in sich selbst und seine Fähigkeiten bedeutet Angst. Angst vor Ablehnung, Angst, dass der Kunde den Nutzen und die Qualität der Behandlung oder das Produkt anzweifelt. Vertrauen wir uns selbst und sind wir von unserer fachlichen Kompetenz überzeugt, strahlen wir Sicherheit aus.

Angst ist irrational. Wenn Angst vorhanden ist, wird sie eine Begründung finden, ganz egal wie unbegründet oder verrückt sie sein mag. Angst hemmt und blockiert uns, natürlich zu sein. Wir trauen uns beispielsweise nicht den Kunden nach einer erfolgreichen Behandlung oder Beratung nach einer Empfehlung zu fragen.

Was aber wirklich fatal ist, der Kunde spürt Ihre Angst und Unsicherheit, was zum einen nicht gerade vertrauensbildend wirkt und zum anderen ein forderndes Verhalten des Kunden provozieren kann. Er nimmt den anderen Pol ein. Vielleicht interpretiert der Kunde unsere Unsicherheit auch als Zweifel in das eigene Produkt.

Was kann ich tun?

Wir müssen unsere Einstellung ändern und lernen mit Angst richtig umzugehen bzw. Angst abzubauen. Bezogen auf das Produkt ist es eigentlich ganz einfach: Durch die Auswahl hochwertiger Präparate, die Sie selbst überzeugt haben und die Sie richtig klasse finden, empfinden Sie Freude und schwärmen automatisch mit authentischer Begeisterung von dem Produkt. Dazu noch einige praktische Tipps im folgenden Abschnitt.

b) *Mangel an Integrität*

Wenn Sie sich selbst nicht vertrauen, weil Sie selbst ein Schlitzohr sind und immer wieder manipulieren und tricksen, Informationen zurückhalten etc., so verlieren Sie in einem schleichenden Prozess den Respekt vor sich selbst. Sich selbst können Sie nämlich nicht betrügen. Schließlich wird ein *Mangel an Selbstrespekt* zu einem *Mangel an Glaubwürdigkeit und Überzeugungskraft* führen.

c) Interpretation

Ein »NEIN« des Kunden kann vom Verkäufer so interpretiert werden, dass dieser nicht kaufen will oder dass er mit ihm kein Geschäft machen möchte. Es kann also sehr persönlich genommen werden.

Dabei bedeutet ein »NEIN« vielleicht nur, dass …

- der Kunde momentan nicht flüssig ist,
- ihm der Preis zu hoch ist,
- er den Wert des Produkts noch nicht erkannt hat,
- er die Qualität der Dienstleistung nicht einschätzen kann,
- ihm die Motivation fehlt,
- er sich heute nicht entscheiden kann,
- er etwas Zeit braucht,
- er sehr kritisch und misstrauisch ist,
- die Argumente ihn nicht überzeugen konnten oder
- wir sein Produkt nicht führen und
- seine Wünsche nicht erfüllen können.

Hier beginnt der eigentliche Verkauf. Bedenken Sie, es handelt sich hier um eine äußerst sensible Phase, denn Sie könnten durch eine falsche Reaktion alles zerstören. Unangemessenes oder penetrantes Verhalten würde den Kunden ganz vergraulen. Versuchen Sie also, durch geschicktes Fragen herauszubekommen, was der Grund für seine Ablehnung ist, zum Beispiel indem Sie ihm die Frage stellen: *»Was genau wünschen Sie sich?«, »Welche Kriterien sollte das kosmetische Produkt erfüllen?«, »Was ist Ihnen bei einer kosmetischen Behandlung wichtig?«, »Wie kann ich Ihnen hel-*

fen?«, »Haben Sie noch Fragen?«, »Welche Fragen haben wir noch nicht angesprochen?«.

So wird er selbst die noch offenen Fragen auf den Tisch bringen und Sie können Lösungen finden. Gehen Sie ganz auf die Bedürfnisse Ihres Kunden ein und zeigen Sie Geduld, Mitgefühl und Verständnis.

d) *Mangelnde Identifikation und Wertschätzung für den eigenen Beruf*

Der Beruf des Verkäufers ist im gesellschaftlichen Ranking in unseren Landen nicht sehr hoch eingestuft, obwohl die Einkommenssituation anderes erwarten ließe. Jedes Unternehmen braucht den Vertrieb und kennt seine Bedeutung, was sich eben in der Regel auch in einer guten Bezahlung äußert. Wenn ich nicht verkaufe, brauche ich auch nichts zu produzieren und anzubieten.

Nicht wenige Verkaufsmitarbeiter haben selbst nicht die richtige Einstellung oder Wertschätzung ihres Berufes. Vielleicht, weil die irrige Annahme besteht, dass ohnehin jeder verkaufen kann. Was so nicht richtig ist, denn auch zum professionellen Verkäufer muss man geboren sein. Richtig ist, dass jeder dem anderen etwas verkauft und am anderen verdient. Verkaufen ist also die natürlichste Sache der Welt. Die Tatsache, dass Sie dieses Buch lesen können, wurde ermöglicht, weil ich einem Verlag meine Idee und mein Manuskript verkauft habe. Bei jedem Buch verdiene ich ein klein wenig. Aber nicht nur ich; auch der Verlag. Im Verlag sind es die Lektoren, die Grafiker, Drucker, Marketingleute etc., die an dem Buch verdienen. Sie haben das

Buch vielleicht im Buchladen gekauft und wieder verdienen Menschen daran: der Großhändler, der Inhaber, die Verkäuferin. Mit dem Geld gehen der Inhaber und die Verkäuferin zum Einkaufen, zum Essen und der Kreislauf geht weiter.

Machen Sie sich klar: Verkaufen und damit Geld verdienen ist die natürlichste Sache der Welt! Und Geld muss fließen, sonst kommt nichts Neues nach.

e) *Einstellung zum Geld*

Eines der Hauptprobleme im Verkauf ist die falsche Einstellung zum Geld, die auf einer falschen Konditionierung beruht. Problem ist nicht, das Produkt im richtigen Licht darzustellen und dem Kunden den Nutzen deutlich zu machen, denn das kann man in entsprechenden Trainings relativ leicht lernen. Das Problem ist, dass man für sein Produkt oder seine Dienstleistung eine Gegenleistung erwartet, sprich: Geld haben will. Insgeheim schämen sich manche Verkäufer, dass sie für eine Leistung eine entsprechende Gegenleistung erhalten wollen. Das Selbstgespräch: *»Wenn ich jetzt für die Behandlung schon Summe x bekomme, kann ich doch nicht noch Geld für ein Produkt nehmen. Was denkt der Kunde von mir? Das wird alles viel zu teuer! Meint er, dass ich nur sein Geld will?«* Wir wollen nicht, dass ihm bewusst wird, dass wir an unserer Beratung oder an unserem Produkt verdienen … usw.

Warum ist das so? Ist da vielleicht in der Erziehung etwas schiefgelaufen? Vielleicht haben Sie in der Kindheit den Satz gelernt: »Geben ist besser denn Nehmen«, und ihn falsch verstanden. Sicher ist Geben das wichtigste Prinzip sozialen menschlichen Verhaltens und Zusammenlebens wie auch der wirtschaftlichen Interaktion. Jeder Verkauf sollte von der Einstellung getragen sein: Was kann ich geben? Trotzdem sollte man verstehen, dass Geben und Nehmen zusammengehören wie die zwei Seiten einer Medaille. Deshalb muss man auch lernen zu nehmen!

Merke: Sie haben ein Recht darauf, für Ihre Leistung eine angemessene Gegenleistung zu erhalten.

Machen Sie sich Ihren Wert bewusst! Sie bringen eine groß-artige Leistung und geben eine einzigartige Behandlung. Der Kunde wird dankbar sein, dass er eine so brillante Kosmetikerin wie Sie gefunden hat. Dass man eine professionelle Fachkraft für Ihre hochwertige Dienstleistung bezahlt, ist ganz selbstverständlich. Und Sie wollen ja Ihre Kunden nicht zu Ihren Schuldnern machen.

Merke: Sie haben ein Recht auf Wohlstand und Reichtum.

Allerdings sollte der Reichtum entstehen, indem Sie dem Kunden Nutzen geben! *Der Nutzen Ihres Produktes sollte dabei immer den Geldwert übersteigen.* Machen Sie sich klar, welchen Nutzen Sie mit Ihrem Produkt oder mit Ihrer Dienstleistung geben. Wenn Sie eine Immobilie verkaufen, geben Sie den Menschen zum Beispiel ein schönes Zuhause und mehr Lebensqualität. Bei einer kosmetischen Behandlung vermitteln Sie: Ruhe und Geborgenheit, Hinwendung, Entspannung, eine Auszeit, Pflege, Regeneration,

Verschönerungen, Freude und Glücksgefühle, Streichel-
einheiten über die wunderschönen Massagen und nicht
zuletzt Gesundheit. Erkennen Sie den Wert dieser Dienstleistung? Ist das nicht das, was wir Menschen am nötigs-
ten brauchen, und das Schönste und Wertvollste, was wir
überhaupt bekommen können?

e) *Zu hoher Preis*

In vielen Beratungsgesprächen ist der Preis ein Thema und
wir haben Angst vor dem Moment, wenn es um den Preis
geht. Sprechen Sie nicht vom Preis oder Kosten, sprechen
Sie von einer Investition in die Gesundheit, Auszeit, Entspannung, Lebensqualität oder Schönheit. Das macht es
dem Kunden leichter und ihm wird auch noch einmal
bewusster, welch wertvolles Geschenk er sich selber macht.
Der Preis kommt nämlich in der Regel dann aufs Tapet
und wird zu einem Thema, wenn wir selbst Probleme
haben, darüber zu sprechen. Halten wir den Preis für zu
hoch, so wird unsere Unsicherheit ausgestrahlt und wir
ziehen die entsprechende Reaktion des Kunden an.
Deshalb achten Sie darauf, dass Ihre Preiskalkulation ehrlich ist, das heißt, dass die Qualität Ihrer Behandlung oder
Ihres Produktes dem Preis entspricht. Wenn nicht, dann
erhöhen Sie Ihre Qualität! Fühlen Sie, bevor Sie Ihren Preis
festlegen, aber auch selbst einmal genau hin, ob Sie bereit
sind diesen Preis zu zahlen?
Machen Sie sich immer wieder den Nutzen, den Sie dem
Kunden geben, bewusst, auch das verhilft Ihnen zu einer
souveräneren Haltung.
Verstehen Sie bitte: Wichtiger als ein geschicktes Verhand-

lungsgespräch ist Ihre ehrliche Überzeugung. Das ist das Fundament, auf dem Sie Ihr Gespräch aufbauen.

Wenn Sie einen ehrlichen Verkauf machen, sich selbst und dem Kunden den Nutzen klargemacht haben und auch das Herz des Kunden nicht vergessen haben, erreichen Sie auf eine ganz natürliche Weise einen positiven Abschluss und bekommen eine stimmige Vergütung. Sie werden feststellen, mit der richtigen Einstellung wird Ihnen der Verkauf leicht von der Hand gehen und es wird Ihnen Spaß machen, für Ihre Leistungen eine entsprechende Vergütung zu verlangen.

Noch ein Tipp, wenn Sie doch mit der Frage nach Rabatten konfrontiert werden, dann ist es günstiger, eine Zusatzleistung zu geben, anstatt den Preis zu reduzieren. Das kann zum Beispiel ein hochwertiges Pflegeprodukt zur Reduktion erster Augenfältchen sein. Bedenken Sie immer: Wenn Sie einmal Rabatt gegeben haben, wird der Kunde immer einen Rabatt erwarten. Außerdem kann der Gedanke aufkommen, dass Sie Ihre Produkte generell zu hoch kalkulieren oder Sie ihren Preis nicht wert sind.

Zusammenfassung:
- Machen Sie sich selbst den Nutzen Ihres Produktes bzw. Ihrer Dienstleistung klar!
- Sprechen Sie von einem ehrlichen Geschäft und einer ehrlichen Preiskalkulation!
- Machen Sie sich bewusst, wie viel Sie selbst bezahlen würden!
- Sprechen Sie von Investition in die Gesundheit und nicht vom Preis!

- Betonen Sie, dass der Preis dem Wert und der Qualität entspricht!
- Fassen Sie den Nutzen noch einmal zusammen.
- Sprechen Sie über die Qualität des Produktes.
- Bieten Sie statt Rabatten eine Zusatzleistung an.
- Betonen Sie die Forschung, Entwicklung, Service, Kundenbetreuung, Sicherheit und zusätzliche Leistungen.
- Fassen Sie das Ergebnis zusammen und machen Sie noch einmal klar, was Sie zu bieten haben und …
- dass Sie persönlich immer als Ansprechpartner zur Verfügung stehen und die Qualität garantieren.

f) *Einstellung / Erwartung*

Es kann natürlich sein, dass tatsächlich etwas mit Ihrer Einstellung bezüglich der Leistung und Vergütung nicht in Ordnung ist.

Wer beispielsweise befürchtet, dass der Kunde von ihm denkt, dass er nur sein Geld will, hat vielleicht tatsächlich auch nur ein Ziel im Auge, eine volle Kasse. Ist dieses Denkmuster bei uns vorhanden, müssen wir einer etwas unliebsamen Wahrheit ins Auge sehen: Ich erwarte eben das von anderen, wie ich bin, und befürchte, dass der andere von mir das erwartet, wie ich tatsächlich bin. Überprüfen Sie deshalb Ihre Einstellung! Ist Ihr Hauptaugenmerk auf Geben oder auf Nehmen ausgerichtet? Wenn Sie Ihr Hauptaugenmerk darauf lenken zu geben und den Kundennutzen in den Vordergrund stellen, *wird dieses Gefühl, dass der Kunde glaubt,* dass Sie nur sein Geld wollen, sehr schnell verschwinden.

g) *Wir wollen immer gut dastehen*

Wir wollen anderen gefallen, immer toll sein, einen guten Eindruck machen und uns nie eine Blöße geben. Dieses Verhalten stellt die größte Blockade in einer ehrlichen Beziehung zwischen Dienstleister und Kunde dar, denn wir spielen eine Rolle, verbergen uns hinter Masken und das hält auf Dauer keiner aus. Ein natürliches, unbefangenes und authentisches Verhalten ist letztendlich wieder eine Frage des Selbstbewusstseins. Ein gesundes Selbstbewusstsein verleiht Ihnen nicht nur Charisma, Sie wirken sogar anziehend auf andere Menschen. Natürlichkeit ist das Geheimnis.

Sie dürfen auch ruhig einmal einen Fehler machen und Schwäche zeigen, schließlich sind Sie ja auch nur ein Mensch! Immer alles richtig zu machen kann auf die Dauer recht anstrengend werden. Alle Fragen des Kunden absolut perfekt zu beantworten und immer alles zu wissen kann auf Kunden auch überheblich wirken. – Etwas auch einmal nicht zu wissen ist menschlich und macht oft einen sympathischeren Eindruck auf Kunden als 200-prozentiges Fachwissen – es reicht völlig, 99,9-prozentiges Fachwissen zu zeigen. Der Anspruch, immer toll sein zu müssen, ist oftmals darauf zurückzuführen, dass wir unbewusst Angst davor haben, nicht zu genügen, was wiederum Ausdruck eines mangelnden Selbstbewusstseins ist, und zeigt, dass wir unseren Wert nicht kennen.

Ihr zentrales Anliegen sollte das »*Verkaufen mit Herz*« sein! Bleiben Sie authentisch und natürlich, statt sich mit psychologischen Verkaufstricks zu befassen und dem Kunden etwas vorzumachen. Das »*Verkaufen mit Herz*« ist aus meiner Erfahrung heraus das erfolgreichste Prinzip! Sie benötigen keine Tricks oder Strategien, wie Sie den Kunden zum Kauf überreden. Ihr Hauptmotiv sollte sein, wie Sie dem Kunden am besten helfen können, wie Sie sein Problem lösen und Gutes tun können! So werden Sie das Verkaufen nie mehr als anstrengend erleben, denn ein ehrlicher Rat und Verkauf raubt Ihnen keine Energie.

Trauen Sie sich, so aufzutreten, wie es Ihrem wahren Naturell entspricht, und bleiben Sie sich treu! Auch Kosmetikerinnen müssen nicht alle gleich aussehen und damit fast austauschbar werden. Machen Sie Ihre Persönlichkeit und Ihren persönlichen Stil zu einem Wettbewerbsvorteil. Wenn Sie ganz Sie selbst sind und ohne Einschränkung dahinterstehen, werden Sie gerade deshalb Anerkennung finden und Ihre Eigenart und Einzigartigkeit wird zu Ihrem Erfolgsfaktor.

h) *Wir wollen immer recht haben*

Viele falsche Entscheidungen in Firmen werden oftmals nur durchgezogen, weil der Ranghöhere recht haben muss. Dieses Verhalten kann fatale Schäden verursachen. Es entstehen unnötige Kosten und materielle Verluste.

Es gibt nur wenige Menschen, die genug Selbstbewusstsein und Stärke haben, auch mal Schwächen zuzugeben oder Fehler einzugestehen. Es braucht sicher etwas Mut, wird sich am Ende aber immer auszahlen.

Zusammenfassung

Ihre Integrität gibt Ihnen Glaubwürdigkeit – *wie* Sie dem Kunden begegnen, entscheidet über Ihren Erfolg.

- Zunächst spiegelt sich Ihre Einstellung zu Ihnen selbst in der Einstellung dem Kunden gegenüber. Sie erwarten vom Kunden, wie Sie sind. Sind Sie ein Schlitzohr, so erwarten Sie es auch vom Kunden.
- Und der Kunde reflektiert Ihr Verhalten zu sich selbst, das heißt, vertrauen Sie sich selbst, wird er Ihnen vertrauen.
- Glauben Sie das, was Sie ihm erzählen, wird er Ihnen glauben. Zweifeln Sie innerlich an dem, was Sie behaupten, wird der Kunde mit höchster Wahrscheinlichkeit ebenfalls zweifeln.
- Bedenken Sie immer: Bei einem ehrlichen Verkauf oder einer ehrlichen Dienstleistung gewinnen beide: der Kunde und der Verkäufer. Braucht der Kunde mein Produkt oder meine Dienstleistung und ich bin nicht fähig, ihm den Nutzen zu vermitteln, so ist dies ein Schaden für den Kunden.
- Außerdem sollten Sie sich klarmachen: Jede Leistung verlangt als Ausgleich eine Gegenleistung. Sonst entsteht ein Ungleichgewicht!

Wie kann ich innere Widerstände überwinden?

a) Machen Sie sich bewusst – Ihr Verkaufserfolg wird im Kopf entschieden!

b) Machen Sie sich bewusst, dass Sie dem Kunden etwas gegeben haben! Der Kunde profitiert!

c) Wenn Sie ein Geschäft, das für den Kunden von Nutzen wäre, nicht abgeschlossen haben, ist es ein Schaden für den Kunden.

d) Sie haben Zeit in die Beratung investiert, wenn kein Verkauf dabei herauskommt, sollte zumindest eine Empfehlung das Ergebnis sein!

e) Überprüfen Sie Ihre Glaubenssätze! Ein neuer Glaubenssatz könnte lauten: Empfehlungen sind eine Selbstverständlichkeit. Oder: Eine derartig schöne Behandlung und gute Behandlerin bekommt man so schnell nicht wieder.

f) Machen Sie sich klar: Was bekomme ich, wenn ich den Mut habe, die Frage nach einer Weiterempfehlung zu stellen?

Ich habe in den Jahren unendlich viele Verkaufsschulungen besucht, doch keine hat mir vermittelt, wie's wirklich funktioniert. Es ist die Schule des Lebens, die mir gezeigt hat, wie es geht – wesentliche Erfahrungen, die man in keiner Schulung lernt. So verkaufe ich beispielsweise in der Fußpflege mit einer gewissen Selbstverständlichkeit. Kunden mit Fußproblemen wie eingewachsenen Nägeln, Nagel- oder Hautpilz und extremer Hornhaut brauchen ein Heimpflegepräparat, um die Therapie und den Heilungsprozess zu unterstützen! Natürlich verkaufe ich in jedem Fall mit viel Herz und Gefühl – doch meine Überzeugung ist: Fast jeder Patient mit Beschwerden braucht nicht nur eine Behandlung, sondern auch ein Medikament/Präparat für die Heimtherapie. Wenn Sie mit Beschwerden zum Arzt gehen, reicht es in der Regel auch nicht, wenn dieser Sie nur untersucht.

Unter uns: Unsere Patienten/Kunden müssen lernen auch selbst Verantwortung zu übernehmen. Eine Heimtherapie kann da sehr förderlich sein. Mit der Behandlungszeit von maximal einer Stunde im Monat (Beispiel Fußpflege) ist unsere Unterstützung ja nur begrenzt.

2.5.2 Abbau von Angst und begrenzenden Konzepten

Sicher kennen Sie das alte Sprichwort: Angst frisst die Seele auf. Dieses Sprichwort drückt in wenigen Worten aus, wie machtvoll Angst ist. Angst ist die Ursache fast aller Probleme – Angst lässt uns zweifeln, hält uns davon ab zu handeln, Angst lähmt uns, entmutigt, hat uns im Griff.
Machen wir es konkret. Je größer meine Angst ist, dass der Kunde nicht kauft, desto größer ist die Wahrscheinlichkeit, dass er tatsächlich nicht kauft. Wenn ich selbst an der Qualität des Produktes zweifle, bekomme ich meine Zweifel als Einwände des Kunden präsentiert.
Aber was kann ich gegen meine Angst oder Selbstzweifel tun? Nehmen Sie Ihre Angst einmal bewusst wahr und fühlen Sie, was diese mit Ihnen und Ihrem Körper macht. Vielleicht spüren Sie Ihren Puls, Herzklopfen, Zittern oder Sie beginnen zu schwitzen usw. Je mehr Sie sich gegen die Symptome wehren und je mehr Sie Ihre Ängste bekämpfen, desto

stärker werden sie. *Akzeptieren Sie Ihre Angst und handeln Sie trotzdem!*

Außerdem können Sie Maßnahmen ergreifen, die generell Angst abbauen und das Selbstbewusstsein stärken. Dazu müssen Sie nicht sofort zum Psychotherapeuten auf die Couch oder in eine Selbsterfahrungsgruppe, wie es in den USA fast zum guten Ton gehört, sondern es genügen in der Regel geistige und körperliche Entspannungsübungen wie zum Beispiel Meditation und Yoga, die sehr wirkungsvoll Angst abbauen und das Selbstbewusstsein verbessern können. Angst haben wir nun längst als mangelndes Selbstbewusstsein geortet.

Beobachten Sie Ihr Selbstgespräch, mit dem Sie sich permanent neu programmieren und so Ihre Wirklichkeit schaffen:

- Spüren Sie in sich hinein: Veränderung, Herausforderung und Neues machen Angst, aber irgendetwas in Ihnen freut sich! Lenken Sie Ihre Aufmerksamkeit auf die positiven Gefühle. Ihre Seele freut sich, dass Sie die Herausforderung annehmen.
- Verbessern Sie den Kontakt zu Ihrem Selbst, denn Ihr Selbst ist reine schöpferische Intelligenz. Den Kontakt können Sie auf verschiedene Weise und mit verschiedenen Methoden herstellen. Hilfreich sind:
  - Meditation, Yoga oder andere Entspannungstechniken. Alle Meditationsformen haben nur ein Ziel, den Kontakt zu unserem schöpferischen Wesenskern zu verbessern. Die Wirkung der Methoden ist verschieden. Der Effekt guter Methoden lässt sich physiologisch messen, aber auch psychologisch, zum Beispiel an weniger

Angst, mehr Selbstvertrauen und Kontaktfähigkeit.
- ○ Unser autonomes Nervensystem ist multidimensional und direkter Ausdruck der schöpferischen Intelligenz. Auch mit hilfe des autonomen Nervensystems können Sie den Kontakt zu sich selbst finden. Sie können Ihren Körper auf kinesiologische Weise fragen, so wie manche Ärzte oder Heilpraktiker das praktizieren und sogar das passende Medikament austesten. Man kann dem Körper direkte Fragen stellen und über den Muskeltest eine Antwort erhalten.
- Laufen Sie vor Situationen, die Ihnen Angst machen, nicht weg. Die Erfahrung, vielleicht am Anfang mit hilfe von einem Coach, dass Sie es doch können, vermindert systematisch Ihre Angst und es wird ein neues positives Erfahrungsmuster psychologisch und physiologisch verankert.
- Bereiten Sie sich gründlich vor! Eigenschaften – Nutzen – Formulierung der Argumente – Behandlung der Einwände. Das wird Ihnen Sicherheit geben und es werden weniger Einwände kommen!
- Zerlegen Sie Ihre Ziele in kleine Schritte. Jedes Erreichen eines Zieles erhöht das Selbstvertrauen und motiviert Sie zu neuen und größeren Zielen.
- Machen Sie sich immer wieder klar, was Sie schon erreicht haben. Richten Sie Ihre Aufmerksamkeit auf Ihre Erfolge. Wo Sie Ihre Aufmerksamkeit hinlenken, wird etwas entstehen. Sie selbst erschaffen durch Ihre Aufmerksamkeit Ihre Realität. Wenn Sie Ihre Aufmerksamkeit auf Dinge lenken, die Ihnen Angst machen, geben Sie ihnen Energie.
- Legen Sie die Gewohnheit ab, sich immer wieder zu kritisieren. Beachten Sie dabei wiederum Ihr Selbstgespräch.

- Machen Sie sich klar, was Sie an sich schätzen.
- Konzentrieren Sie sich auf Ihre Stärken.

Aufgabe:

1) Schreiben Sie sich einen Brief, in dem Sie hervorheben, was Sie schon alles geleistet haben in Ihrem Leben und was genau Sie richtig gut auf die Beine gestellt haben. Beschreiben Sie, was Sie an sich besonders schätzen!

2) Nun schreiben Sie einen weiteren Brief mit Aufgaben für die kommende Woche – stellen Sie dazu Ihren Fuß auf ein Blatt Papier und malen Sie die Kontur von Ihrem Fuß auf – schreiben Sie nun fünf Schritte auf, die Sie in der kommenden Woche umsetzen und erreichen möchten!

3) Als Nächstes legen Sie Ihre Hand auf ein Blatt Papier und malen die Kontur Ihrer Hand auf. Schreiben Sie nun in jeden Finger eine positive Eigenschaft, die Sie ausmacht. Beispiel: Fleiß, Integrität, Ausdauer, Beharrlichkeit, Herzlichkeit.

Kapitel 3

Die Bausteine des Erfolges

3.1 Die Vision und Mission

Am Anfang steht immer die Vision. Die *Vision* ist die Vorstellung der Realität in der Zukunft. Ohne eine *persönliche Vision* fehlt die eigentliche Antriebskraft. Sie kann durch eine Vision des Unternehmens nicht ersetzt werden. Es muss *Ihre ganz persönliche Vision* sein, dann wird sie zum Treibstoff, der Sie in ungeahnte Höhen fliegen lässt.

Bei der Vision gilt: Es muss *Ihre Mission* sein!
Je mehr die Vision zur Mission wird und die sich daraus ergebenden Ziele mit Ihnen selbst und mit Ihren inneren Wünschen verbunden sind, je mehr sie Ihnen am Herzen liegen und mit Ihren Emotionen verbunden sind, desto größer ist Ihr Antriebspotenzial.

3.2 Die richtige Einstellung

Jeder, der sich selbstständig gemacht hat, weiß, wie wichtig die innere Einstellung und Überzeugung ist. Der Glaube an sich selbst und die fachliche Kompetenz sind wesentliche Faktoren für einen guten Start. Aber auch die Persönlichkeit, Charaktereigenschaften und unsere Motivation, die unser

Handeln leitet und antreibt, sind entscheidend. Haben Sie die richtige Einstellung und lenkt diese Ihr Handeln, dann fühlen Sie sich gut und dies stärkt wiederum Ihr Selbstbewusstsein und Ihre Überzeugungskraft.

Achtung: Auf die Absicht kommt es an! Die Absicht, dem Kunden zu dienen und zu nutzen. Steht der Kundennutzen im Mittelpunkt, ist die Basis geschaffen.

Es macht einen riesigen Unterschied, mit welcher Absicht gegeben wird – oder sagen wir, mit welcher Absicht die Dienstleistung oder das Verkaufen geschieht.

Es gibt Menschen, dir sind mehr prozessorientiert und erleben ihre Befriedigung im Tun an sich. Interessanterweise sind diese Menschen viel erfolgreicher, obwohl sie den Erfolg nicht permanent im Kopf haben. Diese Menschen geben aus dem Bewusstsein ihrer schöpferischen Möglichkeiten heraus – sie erfaher im Akt des Gebens ihre Kraft.

Gehören auch Sie zu diesen Menschen?

3.3 Ihre Einzigartigkeit

Jeder Mensch ist einzigartig, hat besondere Talente, Anlagen und Eigenschaften. Es empfiehlt sich, sich Zeit zu nehmen und sich über seine eigenen besonderen Fähigkeiten klar zu werden. Schauen Sie dabei auf Ihre Stärken und schreiben Sie diese in Ihr Erfolgsjournal!
Dort, wo Sie Ihre Aufmerksamkeit hinlenken, wird etwas wachsen, und zwar sprichwörtlich, denn die entsprechenden Gehirnbereiche werden entwickelt.
Sehr häufig wird der Rat gegeben, schau auf deine Stärken und versuche deine »schwarzen Löcher« aufzufüllen. So ist auch unser Schulsystem aufgebaut. Ich möchte Ihnen diesbezüglich noch einen Gedanken zum Überlegen geben: Mit den Schwächen ist noch nie jemand wirklich erfolgreich geworden. Ein Mensch mag viele Schwächen haben, aber der Erfolg kommt in der Regel durch die – manchmal vielleicht einzige – Stärke. Also schauen Sie auf Ihre Stärken und lassen Sie sich nicht ablenken!

3.4 Ihre Selbstdarstellung

Ihre Einzigartigkeit wird ein Wettbewerbsvorteil sein und hilft Ihrer Positionierung im Markt. Es ist wichtig zu zeigen, wodurch Sie sich von den Mitbewerbern absetzen. Die Selbstdarstellung und das Eigenmarketing müssen mit der Zielgruppe übereinstimmen. Ihre Selbstdarstellung bildet Ihr Image, das allerdings durch die Praxis bestätigt werden muss.

Achten Sie immer auf Ihre Qualitätsstandards und einen professionellen Auftritt auch bei Kleinigkeiten. Dazu gehören auch die Erreichbarkeit und die sofortige Bearbeitung von Anfragen.

Ihre Selbstdarstellung sollte die Frage des Kunden beantworten: »*Warum soll ich gerade mit Ihnen eine Geschäftsverbindung eingehen?*«

Was Sie in Ihren Flyern ankündigen, sollten Sie in der Praxis erfüllen oder besser noch übertreffen.

Anders sein als andere braucht nur ein wenig Kreativität und die klare Absicht, die Kunden immer wieder zu erfreuen.

Wenn du unaufhörlich gibst,
wirst du unendlich viel zurückbekommen! *(Aus China)*

3.5 Die Zielgruppe

Überlegen Sie sich genau, welche Zielgruppe Sie ansprechen wollen. Dazu muss natürlich Ihr Auftritt passen und vor allem: Sie selbst müssen dazu passen. Die Qualität Ihres Flyers, Ihr Internetauftritt, das Ambiente und die Ausstattung Ihrer Räumlichkeiten, die Örtlichkeit und nicht zuletzt Ihr persönliches Erscheinungsbild und Auftreten werden eine bestimmte Zielgruppe anziehen. Auch die Preisgestaltung und Verdienstmöglichkeiten werden dadurch bestimmt. Wen wollen Sie ansprechen? Wer sind Ihre Favoriten? Welche Altersgruppe passt in Ihr Angebotsprofil?

Wenn Sie wissen, welche Zielgruppe Sie ansprechen wollen, müssen Sie sich auf deren Motive, Bedürfnisse oder Engpässe einstellen. Welche Werte bieten Sie? Wenn Sie ein Produkt im Gesundheitsbereich vertreiben, können Bedürfnisse und damit gute Verkaufsargumente sein: Gesundheit, Wohlergehen, höchste Reinheit, keine Nebenwirkungen, nur positive Nebenwirkungen, Umwelt, Bio-Qualität, Förderung der Natur/Landwirtschaft etc.

3.6 Meine Strategie

Auf Tätigkeiten, die eine Hebelwirkung haben, sollte das Hauptaugenmerk gelegt werden. Eine der Tätigkeiten, die für viele Vertriebsbereiche eine große Hebelwirkung hat und den Erfolg sehr entscheidend mitbestimmt, ist das *Empfehlungsmanagement*.

Arbeiten Sie in einer Strukturorganisation und wollen Sie selbst eine Gruppe von Mitarbeitern aufbauen, so wird auch das *Rekrutieren von Mitarbeitern* zu einer Tätigkeit mit Hebelwirkung.

Meine Strategie ist beispielsweise, mich durch höchste Qualität und trotzdem *ständige Verbesserung der Qualität und Dienstleistung*, was bei den Japanern als Kaizen bekannt ist, von den Mitbewerbern abzusetzen.

3.7 Netzwerke schaffen

In vielen Verkaufssparten sind Empfehlungen der Schlüssel zum Erfolg. Diese werden Sie aber in ausreichendem Maße nur bekommen, wenn Sie Ihre Arbeit angemessen kommunizieren, das heißt, Sie müssen mit den Menschen über Ihre Leistungen sprechen, Beziehungen schaffen und diese regelmäßig pflegen. Beziehungen kommen nicht so sehr über die Ware, sondern über emotionale Dinge. Um die Herzen der Kunden zu erreichen, benötigen Sie folgende Charaktereigenschaften als Türöffner:
Seien Sie herzlich, freundlich, aufgeschlossen, hilfsbereit, ehrlich, mitfühlend und finden Sie etwas, womit Sie eine Verbundenheit zu Ihren Kunden aufbauen. Das können gleiche Interessen, Erfahrungen (zum Beispiel Kinder) oder Hobbys sein.

> »Du baust dir kein Geschäft auf, sondern du baust dir Beziehungen zu Menschen auf – diese bauen dein Geschäft auf.«

Experten sprechen heute vom »Clienting« statt vom Marketing, weil die persönliche Verbindung und das daraus entstehende Netzwerk der wichtigste Teil des Marketings ist. Marketing aus diesem Blickwinkel bedeutet Netzwerke schaffen! Dass das Empfehlungsmanagement dabei eine sehr wesentliche Rolle spielt, ist offensichtlich. Bei der Vernetzung mit Kunden ist es wichtig, die idealen Kunden herausfiltern! Ihr Beziehungsmanagement ist also absolut entscheidend. Ein weiterer lebenswichtiger Faktor ist die Qualität. Konzentrieren Sie sich auf die Qualität Ihrer Leistungen, werden Sie rasch feststellen, Sie brauchen gar nicht viele Kunden, um rentabel zu arbeiten – wichtig ist, dass Sie die Kunden, die Sie haben, auch wirklich gut behandeln! So erreichen Sie im Bereich der Kosmetik mit nur 100 Kunden im Monat schon unglaubliche Umsätze.

3.8 Selbstorganisation

Unsere Zeit ist wertvoll und begrenzt, deshalb müssen wir lernen uns besser zu organisieren. Ein geschicktes Zeitmanagement ist hier von höchster Bedeutung. Stellen Sie sich immer wieder folgende Fragen: Ist es sinnvoll, das zu tun? Was möchte ich damit erreichen? Was sind meine Prioritäten? Ist das jetzt wirklich wichtig? Was sind die Tätigkeiten mit Hebelwirkung? Wer kann mich unterstützen?

> »Wir haben genug Zeit, wenn wir sie nur richtig verwenden.« *(Johann Wolfgang von Goethe)*

Schreiben Sie sich Tagesziele auf! Lernen Sie zu delegieren und geben Sie Dinge ab, die Sie abgeben können, um sich zu entlasten. Ein guter Organisator ist jemand, der es versteht, zunächst einmal sich selbst zu organisieren.

Zeitmanagement beginnt mit den richtigen Gedanken. Gedanken, durch die wir eine Struktur entwickeln, die uns hilft, mit unserer Zeit bewusster umzugehen. So vermeiden wir, wertvolle Zeit nicht zu nutzen oder gar zu verschwenden, und wir bekommen eher mit, wenn Menschen uns Zeit rauben. Machen Sie sich bewusst, wie viele Stunden Ihr Tag hat, bringen Sie mehr Struktur in Ihr Leben und Sie haben letztendlich mehr Zeit für sich selbst. Bedenken Sie, dass auch ein Hochleistungsmotor einmal abkühlen muss und dass dieser ohne die richtige Pflege nicht lang hält. Analog brauchen auch Sie mal eine Pause. Ein scharfer Verstand basiert auf einem ruhigen Geist. Ihr Körper kann nicht immer nur auf Hochtouren laufen und auch der Geist braucht Ruhe und Erholung. Nur so können wir dann wieder Besonderes leisten und vernünftige und intelligente Entscheidungen treffen. Ruhepausen zum Ausspannen, um uns zu regenerieren und aufzutanken, sind fester Bestandteil für eine ausgeglichene Fachfrau der Wellnessbranche. Wie wollen wir anderen Menschen Ruhe vermitteln, wenn wir selbst keine haben? Auch Sie selbst müssen mal auftanken und zur Ruhe kommen, nur so können Sie anderen Menschen wieder etwas geben und dynamisch aktiv sein!

Selbst wenn wir beim Beratungsgespräch voll präsent sein wollen, müssen wir dafür sorgen, dass das Chaos in unserem Kopf und in unserem Unterbewusstsein aufhört. Präsenz bedeutet, aus einem souveränen Zustand der inneren Ruhe heraus zu agieren.

3.9 Weiterbildung

Leben bedeutet Evolution, permanente Veränderung und Entwicklung. Das gilt auch für Ihren Beruf. Nur wenn Sie immer auf der Höhe des Wissens und der Innovationen sind, werden Sie bestehen können. Noch besser: Sie sind Ihren Konkurrenten einen Schritt voraus.

> »Lernen ist wie rudern gegen den Strom.
> Hört man auf, treibt man zurück.« *(Chinesisches Sprichwort)*

Doch in unserer Dienstleistungsbranche ist nicht allein die fachliche Qualifikation entscheidend, hier zählen vor allem auch menschliche Werte. Ihr Verhalten ist der Schlüssel zum Erfolg. Wie Sie mit Ihren Kunden umgehen, entscheidet letztendlich über eine dauerhafte Beziehung. Bedenken Sie: Der Kunde erwartet ein Körper-Seele-Rundumpaket – ein Behandlungsprogramm zur ganzheitlichen Regeneration! Es handelt sich nicht nur um die Versorgung der Haut. Doch was können Sie tun, um sich angemessen zu verhalten? Die Entwicklung der Persönlichkeit ist hier nicht nur empfehlenswert, sie ist lebensnotwendig, denn oftmals scheitert eine dauerhafte Kundenbindung an einer winzigen Kleinigkeit. Entsprechende Fortbildungen wie Persönlichkeitstrainings oder auch Gespräche mit einem Coach sind sicher sehr hilfreich, um neue Impulse zu bekommen. Besuchen Sie regelmäßig Seminare und Workshops, um sich weiterzuentwickeln, so vermeiden Sie, wichtige Erkenntnisse und Prinzipien im täglichen Trott, in den man eigentlich nie verfallen sollte, zu vergessen. Eine regelmäßige geistige Auffrischung verleiht Ihnen neue Energie und schafft oft Wunder. Inspirierende Bücher oder CDs, die Sie zum Beispiel auch auf der Fahrt zur Praxis hören können, bieten Ihnen eine weitere Möglichkeit der Weiterbildung. So sorgen Sie dafür, dass Ihr Feuer der Begeisterung nicht ausgeht.

3.10 Work-Life-Balance

Kein Mensch kann sich dauerhaft mit dem Beruf beschäftigen und sich nur auf Erfolg und Karriere konzentrieren. Privates Glück und geschäftlicher Erfolg bilden eine Einheit, das ist ganzheitlicher Erfolg. Das Dreieck von Familie, Beruf und Selbstverwirklichung braucht ein Gleichgewicht, wobei in bestimmten Lebensphasen der Schwerpunkt mehr in Richtung von einem der drei Punkte wandern kann. Wichtig dabei ist, die beiden anderen Punkte nicht völlig zu vernachlässigen. Sie sollten auch noch genügend Zeit, Zuwendung und Aufmerksamkeit bekommen.

Wir können das Dreieck auch auf ein Fünfeck erweitern und Gesundheit und Freizeit als weitere Eckpunkte einer ausgeglichenen Lebensführung hinzunehmen.

Beobachten Sie Ihre Tagesschwerpunkte! Wie sind Ihre Schwerpunkte auf Ihr Dreieck oder Fünfeck verteilt, was ist Ihnen besonders wichtig? Womit beschäftigen Sie sich? Schreiben Sie ab heute täglich in Ihr Erfolgsjournal, wie sich Ihre Aufmerksamkeit verteilt. Sie erfahren mehr Balance und verbessern Ihre Lebensqualität.

Kapitel 4

Die Geheimnisse des Erfolges

4.1 Überzeugung und Ausdauer

Überzeugung und Ausdauer erweisen sich in der Praxis häufig als wichtige Erfolgsprinzipien. Nachdem wir uns klar geworden sind, was für uns richtig ist, und nicht, was andere für uns als richtig erachten, müssen wir unser Ziel genau definieren, um unser Vorhaben dann mit Ausdauer umzusetzen. Entscheidend für die Erfolgsaussichten ist, dass wir von unserem Ziel, vom geplanten Weg und der Durchführbarkeit überzeugt sind.

> »Wer seine Ziele kennt, kann entscheiden, wer entscheidet, findet Ruhe, wer Ruhe findet, ist sicher, wer sicher ist, kann überlegen, wer überlegt, kann verbessern.« *(Konfuzius)*

Überzeugung entsteht vor allem aus dem Gefühl, dass etwas richtig für uns ist, dass es unser ureigenstes Anliegen ist und dass wir es erreichen können. Letztlich ist es der Glaube an uns selbst und unsere Fähigkeiten und der Glaube an Ziele, die uns erfolgreich machen. Dabei sind Ziele, die mit idealistischen, altruistischen oder ganz persönlichen Inhalten verbunden sind, besonders mit Energie aufgeladen, was für das Erreichen großer Ziele absolut nötig ist.

Überzeugung stärkt unsere Ausdauer. Und an der Ausdauer

scheiden sich meist die Geister, das heißt die Erfolgreichen von den Nichterfolgreichen. So manches Unternehmen scheitert, weil die Ausdauer fehlt und die Ziele – oft nur kurz vor dem Erreichen – aufgegeben werden. Alles Bemühen, aller Aufwand war dann vergebens und es ist zudem wenig motivierend für künftige Absichten. Der Glaube und das Vertrauen in die eigenen Fähigkeiten wachsen mit jeder positiven Erfahrung. Wir sammeln oft ganz unbewusst positive Referenzerlebnisse, die uns in bestimmten Situationen bewusst werden und uns Kraft geben weiterzumachen. Wird ein Ziel verwirklicht, stärkt diese Erfahrung das Selbstvertrauen, den Glauben an uns selbst und unsere Möglichkeiten. Grundsätzlich aber sollte uns klar sein: Erfolg verlangt eine gewisse Disziplin. Das Wort Disziplin in seiner ursprünglichen Bedeutung lässt sich auch als »Übung« übersetzen. Regelmäßige Übung ist der Garant für Meisterschaft. Das gilt im Sport, im Beruf und für die persönliche Weiterentwicklung. Thomas Edison zum Beispiel brauchte bis zur Erfindung der Glühbirne auch mehrere Versuche. Er setzte seine Idee unter absolut erschwerten Bedingungen um und hielt sogar noch an seiner Idee fest, als seine kompletten Aufzeichnungen verbrannten und er wieder ganz von vorn anfangen musste. Überzeugung und Ausdauer nehmen eine Schlüsselstellung ein, wenn wir erfolgreich sein wollen. Bedeutende Menschen sind meist ein Beispiel für Überzeugung, Ausdauer und Zielgerichtetheit. Sie arbeiten nicht selten ein ganzes Leben für ihre Aufgabe und sind im positiven Sinne besessen von ihrer Mission. Sie haben nur ihr Ziel im Auge und verfolgen es mit all ihrer Energie, ihren Fähigkeiten und eben mit Überzeugung und Ausdauer. Wenn sich dann das »Glück von oben« hinzugesellt ... und das kommt gewiss, wenn Sie sich in die richtige Richtung bewegen.

4.2 Überzeugung und Überzeugungskraft

Überzeugung bildet die Grundlage für Überzeugungskraft, was eine zentrale Eigenschaft für Ihren neuen Beruf darstellt. Dabei gilt:

- Wer selbst nicht überzeugt ist, wird auch andere nicht überzeugen oder motivieren können. Wenn Sie selbst von Ihrem Produkt oder Ihrer Dienstleistung nicht überzeugt sind, wird es sehr schwierig werden, andere davon zu überzeugen. Es wird auf den Kunden nicht sehr überzeugend wirken, wenn Sie ein teures Wirkstoffpräparat verkaufen wollen, selbst aber die altbewährte blaue Dose verwenden. Verwenden Sie selbst ein völlig anderes Pflegeprodukt als das, was Sie Ihrem Kunden als das beste Präparat anbieten, können Sie das nicht mit einem ehrlichen Gesicht und einem aufrichtigen Lächeln tun. Ihre Kundin spürt, dass Sie nicht authentisch sind, und kauft Ihnen weder Ihre Präsentation noch das eigentliche Produkt ab. Das funktioniert so nicht, aber das haben Sie ja auch schon an anderer Stelle erfahren. Einen bahnbrechenden Produktverkauf schaffen Sie nur mit Ihrem Herzen und authentischer innerer Überzeugung.
- Nichts ist so überzeugend wie ein authentischer Mensch! Solange Sie eine Rolle spielen und eine Maske tragen, sind Sie nicht natürlich und werden so nicht glaubwürdig sein.

Glaubwürdigkeit hat sehr viel mit Selbstrespekt zu tun, und wer eine Rolle spielt und nicht zu seiner Persönlichkeit steht, kann sich nur begrenzt respektieren. Es gilt die Formel:

Integrität führt zu Selbstrespekt,
Selbstrespekt erzeugt Glaubwürdigkeit.

- Integrität ist die Basis für Ihre Überzeugungskraft! Wenn Sie nicht integer in Ihren Verkaufsargumenten, Strategien oder Informationen sind, können Sie vielleicht den Kunden täuschen, nicht aber sich selbst. Das heißt, wenn Sie manipulieren und tricksen, wird sich Ihre innere Stimme melden, die das so nicht einfach hinnehmen wird. Es passt nicht zum inneren Maßstab und Ihr Gewissen meldet sich. Fehlt Ihnen aber der Selbstrespekt, mangelt es auch an Glaubwürdigkeit.

➠ Persönlichkeit überzeugt.
➠ Integrität überzeugt.
➠ Überzeugung überzeugt.

> »Es muss von Herzen kommen, was auf Herzen wirken soll.«
> *(Johann Wolfgang von Goethe)*

Die entscheidende Kommunikation zwischen dem Behandler und dem Kunden läuft auf den feineren Ebenen des Gefühls ab und erst in zweiter Linie auf der Ebene des gesprochenen Wortes. Überzeugung strahlt von der Person aus und Worte überbringen diese Botschaft. Fehlt die Überzeugung, sind die Worte nur leere Hülsen, ohne Saft und Kraft. Sein und Sprechen müssen übereinstimmen, dann sind Sie ganz natürlich überzeugend, und dann ist Überzeugungsarbeit auch nicht erschöpfend.

4.3 Leidenschaft

Seine Leidenschaft im Leben zu finden bedeutet, seine Berufung zu finden. Die Berufung gibt unserem Leben einen Sinn und ist damit die stärkste Motivationskraft.

> »Eine Sache ist nur gefährdet, wenn die Menschen nicht mit dem Herzen dabei sind.« *(Aus China)*

Wer seine Leidenschaft gefunden hat und diese leidenschaftlich, das heißt mit Begeisterung und Ausdauer, verfolgt, wird auf leichte Weise Erfolg haben.

Sie können gerne, wie ich es auch tue, das Wort »Leidenschaft« durch »Begeisterung« ersetzen. Finden Sie heraus, was Sie begeistert, und verfolgen Sie es mit Begeisterung. Wenn Sie zum Beispiel sagen können: »Ich bin mit Herz und Seele Kosmetiker/in«, dann sind Sie hundertprozentig in Ihrer Berufung. Gepaart mit Ausdauer und Beständigkeit müssen Sie einfach erfolgreich werden. Dass Sie Ihre Hausaufgaben gemacht haben, sprich: das nötige Fachwissen haben, setze ich voraus. Den wirklichen Unterschied im Erfolg machen aber die persönlichen Eigenschaften und Ihre Einstellung aus.

Denn die beste Ausbildung und auch die begnadetsten Hände reichen nicht aus, um erfolgreiche Beziehungen zu Ihren Kunden aufzubauen, wenn Sie bestimmte Eigenschaften haben, womit der Kunde sich nicht wohlfühlt. Wer glaubt, das seien alles Peanuts und er müsse sich mit seinen persönlichen Eigenschaften, seiner Einstellung und seinen Verhaltensmustern nicht beschäftigen, wird selbst erfahren müssen, das es sich hier um elementare Bestandteile des Erfolges handelt. Erfolg ist so viel mehr als Fachwissen und Talent. Eine meiner Kolleginnen sagte einmal: »Unsere Kunden sind schlimmer als chinesische Mingvasen.« Ich kann nur bestätigen, dass wir sie auf jeden Fall sehr vorsichtig und mit großer Sorgfalt behandeln müssen, damit sie uns erhalten bleiben!

4.4 Selbstverpflichtung

Ganz entscheidend für Ihren Erfolg wird sein, dass Sie sich Ihrer Leidenschaft, Ihren Visionen und Zielen verpflichten. Die Frage wird lauten: Was bin ich bereit für meinen Erfolg einzusetzen? Sie sind letztlich nur sich selbst gegenüber in der Pflicht. Auch wenn Sie sich Ihren Kunden, Ihren Kollegen, Ihren Mitarbeitern, der Firma oder Ihrer Familie verpflichtet fühlen. Entscheidend ist, dass Sie vor sich selbst die Verpflichtung eingehen!

Stellen Sie sich nun folgende Fragen:

Überzeugung:
Glaube ich an mein Ziel?

Wille:
Will ich es wirklich erreichen?

Voller Einsatz:
Bin ich bereit, Dinge zu tun, die andere aus Bequemlichkeit unterlassen?

Veränderung:
Bin ich bereit, mich zu verändern?

Innere Blockaden:
Bin ich bereit, mich mit meinem inneren »Schweinehund« auseinanderzusetzen? (Aufschieberitis, negative Erwartungen, Selbstsabotagen etc.)

Persönlichkeit:
Bin ich bereit, in meine Persönlichkeitsentwicklung zu investieren?

Überzeugungskraft:
Bin ich bereit, authentisch zu sein?

Grenzen überschreiten:
Bin ich bereit, meine Grenzen zu überschreiten?

Weite Sicht:
Bin ich tolerant und bereit, neue Sichtweisen zuzulassen?

Zeiteinsatz:
Bin ich bereit, Zeit (Freizeit, Wochenende) und Energie zu investieren? Bin ich bereit, wirklich *alles* zu geben?

Ausdauer:
Bin ich bereit durchzuhalten, wenn es nicht beim ersten Anlauf klappt?

Verantwortung:
Bin ich bereit, für meinen Erfolg die volle Verantwortung zu übernehmen? Bin ich bereit, auch für meine Misserfolge die Verantwortung zu übernehmen? Bin ich bereit, Projektionen/ Schuldzuweisungen aufzugeben?

Lernen:
Bin ich bereit, mich als Persönlichkeit zu entwickeln und auch Misserfolge als positive Lernerfahrungen zu nutzen?

Herausforderung:
Bin ich bereit, Misserfolge als Herausforderungen zu sehen? (Jetzt erst recht!)

Ausflüchte & Alibis:
Bin ich bereit, Entschuldigungen und Scheingründe für den Misserfolg zu unterlassen?

Erfahrung anderer annehmen:
Bin ich bereit, von anderen Rat und Unterstützung anzunehmen und zu lernen?

4.5 Loslassen

Ein bekannter japanischer Kendo-Weltmeister brachte das Geheimnis seiner Siege auf einen Nenner: Ich musste lernen den Drang zu siegen aufzugeben, um zu siegen. Er beschreibt, wie er im Kampf viele Möglichkeiten, die der Augenblick bietet, verliert, wenn er auf den Sieg fixiert ist, denn beim Kampf ist der Augenblick, die totale Gegenwart, entscheidend. Viele Jahre hatte er hart an sich gearbeitet und trainiert, dabei stellte er fest, immer wenn er seinen Wunsch zu siegen losließ, gewann er den Kampf. Später konzentrierte er sich nur noch auf einen guten Kampf, statt sich auf sein Ziel zu siegen zu konzentrieren, und wurde Weltmeister.

Nun wollen wir das Behandlungs-, Beratungs- oder Verkaufsgespräch nicht als Kampf bezeichnen. Vielleicht ein Kampf des Beraters mit sich selbst, das ja. Aber die Parallelen sind offensichtlich. Wer zu sehr auf den Profit fixiert ist, wird häufig die Chancen des Augenblicks nicht wahrnehmen!

> »Lerne loszulassen! Das ist der Schlüssel zum Glück.«
> *(Buddha)*

Die Regel lautet: sich ein klares Ziel setzen und dann loslassen. Schenken Sie Ihrem Kunden Ihre ganze Aufmerksamkeit. Es gibt nur diesen einen Menschen, der jetzt in diesem Moment wichtig ist, Ihr Kunde! Konzentrieren Sie sich einzig und allein auf die Lösung seines Problems und auf die Erfüllung seines Nutzens.

Die Erfolgreichen sind auf leichte Weise erfolgreich, weil sie nicht mehr so sehr von der Angst oder dem Druck geplagt sind, gerade diesen Verkauf oder jene Behandlung machen zu müssen. Bei ihnen wird es vom Kampf zum Spiel. Je weniger sie auf den Abschluss angewiesen sind, desto leichter gelingt der Verkauf. In dem Roman »Siddharta« beschreibt Hermann Hesse, wie der ehemalige Mönch Siddharta als Kaufmann so außerordentlich erfolgreich ist: weil er sein Geschäft lediglich als Spiel sieht und betreibt. »Immer scheint er mit den Geschäften nur zu spielen, nie gehen sie ganz in ihn ein, nie beherrschen sie ihn, nie fürchtet er Misserfolg, nie bekümmert ihn ein Verlust.« Das ist das Geheimnis, »der Zauber« seines Erfolges.

4.6 Volle Präsenz

Präsenz heißt, dass man gegenwärtig ist und dem Kunden die volle Aufmerksamkeit schenkt, was sich zum Beispiel in der Fähigkeit des aufmerksamen Zuhörens äußert. Der Kunde ist der wichtigste Mensch in diesem Moment, wo er in Ihren Händen ist! Geben Sie ihm das Gefühl, absolut wichtig zu sein! Sicher erinnern Sie sich an viele Situationen, in denen Sie eine Verkäuferin gefragt hat: »Was kann ich für Sie tun?«, und sie hat Sie dabei nicht einmal angeschaut. Statt Sie von Anfang an zu beachten und Sie zu bedienen, hat sie weiter ihre Auslage umgeräumt. Und selbst wenn das Verkaufspersonal gut geschult ist, Ihre Anwesenheit gleich wahrnimmt, Ihnen in die Augen schaut und Sie freundlich anlächelt, heißt das noch lange nicht, dass Sie die volle Aufmerksamkeit haben. Achten Sie einmal beim nächsten Einkauf bewusst darauf, ob die Verkäuferin, die Sie bedient, wirklich präsent ist. Bedauerlicherweise sind die wenigsten Menschen wirklich präsent. Woran liegt das? Sie sind nicht präsent, weil sie viel zu sehr mit sich selbst und ihren Problemen beschäftigt sind. Deshalb können auch nur sehr wenige Verkäufer und Dienstleister ihre feinen Antennen wirklich einsetzen. Um wahrnehmen zu können, was des Kunden eigentlicher Wunsch ist, brauchen unsere Antennen vollen Empfang. Ist ein Verkäufer tatsächlich bei Ihnen, so fällt Ihnen das sicher sehr positiv auf.

Wie sieht es mit Ihrer Präsenz aus?

Präsenz heißt nicht nur körperliche Anwesenheit, sondern dass die ganze Persönlichkeit anwesend ist, mit ihrem Verstand, aber auch mit dem Herzen. Es sollte unser Ziel sein, dass der Mensch, mit dem wir es gerade zu tun haben, unsere ganze Aufmerksamkeit hat. Wenn das für Sie zu einem festen Prinzip wird, sind Sie auch bei jeder Behandlung und bei jedem Beratungsgespräch voll präsent.

Überprüfen Sie einmal selbst, wie viele Dinge Ihnen durch den Kopf gehen, wenn Sie beim Kunden sind. Beobachten Sie Ihr Verhalten! Wie geht es Ihnen bei der ersten Begegnung? Gelingt es Ihnen, nicht den ganzen Schwall von Überzeugungen, positiven oder negativen Erfahrungen, Wert- und Moralvorstellungen usw. auf Ihren Gesprächspartner abzuladen? Schaffen Sie es, mit Ihren Gedanken bei Ihrem Gegenüber zu sein? Können Sie zuhören und auf die Bedürfnisse des Kunden eingehen? Denken Sie noch einmal an unser Beispiel mit der Brille. Ist Ihre Brille klar oder ist sie eingefärbt und formt Ihre Erwartungen und Ihre Haltung?

Fällt es Ihnen schwer, mit Ihrer ganzen Aufmerksamkeit bei dem Menschen zu sein, der gerade vor Ihnen steht, und damit meine ich alle Menschen und nicht nur Geschäftspartner oder Kunden, so könnte das an Ihrer Vergangenheit oder an Ihrer Erwartung in die Zukunft, die aus der Vergangenheit kommt, liegen. Unsere Erfahrungen prägen uns, machen uns zu dem, was wir sind, und steuern unser Verhalten. Wirklich frei und unvoreingenommen können wir so keinem Menschen begegnen und wir können auch nicht voll präsent sein.

Wie erreichen wir eine optimale Präsenz?

Je größer die Last, die wir mit uns herumschleppen, desto anstrengender ist es, sich zu konzentrieren. Dafür sorgen all die gegenwärtigen unbewältigten Probleme, die den Geist beschäftigen oder alte, unverarbeitete Erfahrungen, die im Unterbewusstsein gespeichert sind und uns – meist unbewusst – so in Anspruch nehmen, dass wir nicht wirklich im Augenblick sein können. Der »neuronale Lärm« im Kopf verhindert, dass man sich auf andere Menschen konzentrieren kann. Wenn wir uns ständig mit unseren Problemen beschäftigen, haben wir keinen Platz mehr für die Wünsche anderer, der Blick für das Wesentliche fehlt.

Überprüfen Sie das Gesagte in Ihrer persönlichen Partnerschaft, denn dort wird es für Sie noch leichter erkennbar. Zu wie viel Prozent sind Sie wirklich bei Ihrem Partner, wenn Sie mit ihm sprechen? Wie sehr hören Sie ihm unvoreingenommen zu? Oder haben Sie schon die Antwort im Kopf, während er noch spricht? Können Sie sich an Augenblicke erinnern, in denen Sie ohne jede Erwartung, ohne jede Bewertung, ohne jedes (Vor-)Urteil voll bei Ihrem Partner und seinen Bedürfnissen waren?

Wir nehmen den anderen nie wahr, wie er ist, sondern immer nur entsprechend unseren Erwartungen. Tausend Dinge halten uns permanent davon ab, wirklich präsent zu sein. So kommt es, dass Sie bei einem Kundengespräch emotional und intellektuell vielleicht nur 10, 20 oder maximal 30 Prozent anwesend sind.

Nur wenn es Ihnen gelingt, voll präsent zu sein, wird das Leben wieder ein **Feld aller Möglichkeiten,** wie es ein leeres Blatt darstellt. Ist das Blatt Papier aber bereits bis zum Rand vollgeschrieben, sind die Möglichkeiten sehr gering. Es wird also nötig sein, uns auch Gedanken darüber zu machen, wie wir mehr Präsenz erzielen können.

Oft nehmen wir die Dinge viel zu ernst und machen uns selbst das Leben schwer. Die meisten Ängste und Sorgen sind unbegründet und treffen niemals zu. Für jedes Problem gibt es eine Lösung, handeln Sie unter dem Motto: change it – leave it – love it! So befreien Sie sich von Dingen, die nicht zu Ihnen gehören und räumen Ihr Leben auf. Sie werden mehr Leichtigkeit und Präsenz erfahren.

4.7 Ausstrahlung und Charisma

Wer wünscht sich das nicht? Es gibt kaum etwas, was so anziehend und magnetisierend auf Menschen wirkt wie Glück und Erfolg. Alle Menschen wünschen sich, glücklich und erfolgreich zu sein – jeder auf seine persönliche Art und Weise. Wir werden davon ganz natürlich angezogen, so wie eine Biene vom Nektar der Blume angezogen wird. Glücklich und erfolgreich sein sind mit die wichtigsten Wesensmerkmale von Charisma. Gepaart mit dem Charme der Einfachheit, Natürlichkeit und Bescheidenheit, sind sie unschlagbar. Sie können die Worte austauschen: Einfachheit = Natürlichkeit = Authentizität = Ehrlichkeit.

> »Wer ständig GLÜCKLICH sein will,
> muss sich oft verändern!« *(Konfuzius)*

Es ist äußerst wichtig, einfach zu sein und ganz der zu sein bzw. der sein zu wollen, der man seiner eigenen Natur nach ist! Wer sich selbst akzeptiert, wird innerlich zufrieden sein und nach außen Gelassenheit und Souveränität ausstrahlen, die überzeugend wirkt.

Authentisch ist abgeleitet vom griechischen: autos, was »selbst« bedeutet. Menschen, die nicht authentisch sind, haben zu wenig Selbstvertrauen. Sie sind nicht genug bei sich selbst. Sie sind sich ihres unbegrenzten Potenzials, das ihr innerstes Selbst darstellt, nicht bewusst.

Sei, wie du bist!

Unser Talent, unser Sosein, wie wir sind, ist unser Kapital, das gilt in ganz besonderem Maße im Beruf der Kosmetikerin, weil hier der persönliche Kontakt und damit die Persönlichkeit sehr entscheidend sind.
Unsere Einzigartigkeit müssen wir nutzen, so können wir aus dem, was wir sind, Kapital schlagen. Sonst sind wir immer nur damit beschäftigt, das auszugleichen, was wir nicht sind. Deshalb: Vergleiche nicht, sondern sei du selbst und lebe dich selbst!

Wir können nur jedem Menschen wünschen, derjenige sein zu wollen, der er ist. Das ist der Schlüssel zu einem erfolgreichen, glücklichen und erfüllenden Leben. Wer sich selbst lebt, wirkt natürlich und hat den Charme und die Anziehungskraft von Natürlichkeit, Einfachheit, und Echtheit.

Sagen Sie ja zu sich selbst – erlauben Sie sich, authentisch zu sein!

Der Psychoanalytiker und Sozialphilosoph Erich Fromm hat in dem Buch »Authentisch leben« die entscheidende Schlussfolgerung gezogen, »dass wir nur dann zu einem glücklichen und erfüllten Leben finden, wenn wir authentisch und aus uns selbst heraus unsere Natürlichkeit leben. Ein wesentlicher Faktor ist hier die Kraft der Entscheidungen, die wir treffen müssen, um nicht bloß die Erwartungen von außen zu erfüllen«. Die Fremdbestimmung geschieht aber nicht nur von außen, sie ist tief in unser Unterbewusstsein eingegraben. Diese meist un- oder unterbewussten Konditionierungen führen uns weg von uns selbst und verhindern, dass wir ein selbstbestimmtes, authentisches Leben führen. Unsere Konsumgesellschaft suggeriert uns pausenlos, dass man Glück kaufen kann, wie man alles andere auch kaufen kann. Glück aber ist etwas anderes und wir müssen begreifen, dass Glück »aus dem Innern kommt und überhaupt kein Geld kostet. Dass Glück das »Billigste« ist, was es auf der Welt gibt, das ist den Menschen noch nicht aufgegangen.

> Wahrer Reichtum: Es sind die kleinen Sonnenstrahlen, die jeden Tag auf unseren Weg fallen!

Glücklichsein und Selbstbewusstsein werden direkt auf andere Menschen ausgestrahlt, genauso wie Angst vom Gesprächspartner oder Kunden gefühlt wird. Ein echtes, authentisches Selbstbewusstsein erschlägt den anderen nicht, es fühlt sich gut an, weil es mit Bescheidenheit gepaart ist. Ein Baum, der viele Früchte trägt, dessen Äste beugen sich tief. Selbstbewusste Menschen erkennen die wunderbare Intelligenz der Natur, die in ihnen wirkt und durch sie zum Ausdruck kommt; und sie sind dankbar dafür.

4.8 Selbstverantwortung und Ethik

Jeder Mensch neigt dazu, die Verantwortung gern auf andere zu übertragen und abzugeben, wenn ihm diese zu groß wird. Verantwortung beschränkt sich aber nicht auf die Unternehmer, die Mitarbeiter oder Kunden, ist auch nicht begrenzt auf unsere Familien, die Gesellschaft oder Umwelt, sondern bedeutet die Verantwortung gegenüber uns selbst. Erst wenn wir bereit sind, für uns selbst die volle Verantwortung zu übernehmen, können wir auch für andere Menschen verantwortlich sein.

Was heißt das genau?
Es ist eigentlich ganz einfach. Wir sind in erster Linie erst einmal für uns selbst verantwortlich! Also hören wir damit auf, ständig die anderen zu fragen, was wir tun sollen! Wir hören auf unsere innere Stimme und verlassen uns auf uns selbst! Wir übernehmen **Selbst**ver**antwort**ung.

Wenn wir die Antworten auf die Probleme der Zeit in uns selbst suchen, wenn wir uns in unserem Handeln und Entscheiden wieder von unserer inneren Weisheit und nicht von unserem fremdbestimmten Ego mit seiner Sucht nach Geld, Macht oder Anerkennung leiten lassen, werden wir uns selbstsicher fühlen und eine tiefe Zufriedenheit erfahren.

Wenn Sie sich also bei jeder Tätigkeit von Ihrem Gewissen leiten lassen anstatt von der Versuchung oder Gier nach einem schnellen Geschäft oder Profit, werden Sie staunen, wie gut Sie sein werden. Das ist Verkaufen mit Herz.

> »Die Stimme des Inneren gebietet mir in jeder besonderen
> Lage meines Daseins, was ich zu tun oder zu meiden habe;
> sie begleitet mich, wenn ich nur aufmerksam auf sie höre,
> durch alle Begebenheiten meines Lebens.«
> *(Johann Gottlieb Fichte))*

4.9 Vertrauen und Verantwortung

Die Krise in unseren Unternehmen und in der Wirtschaft ist eine Krise des Vertrauens. Um sich nicht einer einseitigen Darstellung hinzugeben, wie es häufig gemacht wird: »Den Politikern und Wirtschaftsbossen kann man nicht mehr vertrauen; sie sind und verhalten sich nicht integer.« Dies lässt sich sicher auch mit vielen Beispielen belegen, doch es handelt sich eindeutig um ein gesamtgesellschaftliches und rein menschliches Problem. Fast jeder betrügt, manipuliert und trickst irgendwo. Sie, lieber Leser, sind die berühmte Ausnahme, da Sie sich mit dem Thema auseinandersetzen. Aber viele andere tricksen in der Steuererklärung, bei der Anwendung der Produkte, mit den Preisen beim Verkauf, in der Partnerschaft und, und, und … Die Liste ließe sich sicher unendlich weiterführen. Unter dem Motto: Jeder muss sehen, wo er bleibt, sonst kommt man zu kurz im Leben und wird von den Bösen ausgetrickst und ausmanövriert. Denn die Bösen sind ja bekanntlich immer die anderen.

Eine Dienstleistung gründet, wie jede zwischenmenschliche Aktion, auf Vertrauen und Glaubwürdigkeit. Wir sind nicht verantwortlich für das, was andere tun oder nicht tun. Aber für unseren Einflussbereich können wir volle Verantwortung übernehmen. Hier beginnt auch die Selbstständigkeit. Selbstständigkeit hat nichts damit zu tun, ob jemand eine eigene Firma hat oder angestellt ist. **Selbstständigkeit** ist eine Haltung. Selbstständigkeit bedeutet, Verantwortung zu übernehmen.

4.10 Erfolgsfaktor Gesundheit

Ein häufig unterschätzter Erfolgsfaktor ist eine stabile Gesundheit. Bedauerlicherweise wird dies meistens erst dann bemerkt, wenn sie nicht mehr vorhanden ist. Während meiner Ausbildung zur Heilpraktikerin hospitierte ich in einer Naturheilpraxis in Hannover und stellte fest, dieser Beruf wird niemals das sein, was ich bis zum Ende aller Tage ausüben möchte. Ich hatte es zu 75 Prozent mit Menschen zu tun, die entweder unheilbar krank waren oder glaubten krank zu sein. Oftmals handelte es sich dann um ein völliges Burn-out-Syndrom. Ich habe damals nie so ganz verstanden, warum man oftmals so lange wartete, bis man etwas für seine Gesundheit tat. Ich fand es einfach nur traurig, wenn eine Heilung nicht mehr möglich war oder der Patient nicht mehr kam, weil er verstorben ist. Vorbeugung ist besser! Ich glaube, dass unser Körper uns mitteilt, wenn etwas nicht stimmt. Damit meine ich auch die Phasen, bevor sich eine Krankheit überhaupt erst entwickelt und ausbricht. Das sind zum Beispiel Situationen, wo Sie spüren, dass das, was Sie gerade tun, Ihnen nicht guttut, und trotzdem machen Sie einfach weiter. Unser Körper verfügt über ein Frühwarnsystem und signalisiert rechtzeitig, wenn ihm etwas nicht guttut. Das kann Ihre derzeitige Arbeit sein, Konflikte mit dem Lebenspartner usw. Falls Sie das Gefühl haben, da tut Ihnen etwas nicht gut, suchen Sie nach Lösungen. Sonst übernimmt das irgendwann Ihr Körper für Sie, indem er krank wird.

Hierzu eine kleine Geschichte:

Sagt die Seele zum Körper: »Du, Körper, weißt du, was man da tun kann, sie hört einfach nicht auf mich?« Antwortet der Körper: »Ach, das wollen wir doch mal gleich regeln, da machen wir einfach mal krank!«

Durch Gesundheit wird alles beeinflusst: unsere Energie, die Begeisterungsfähigkeit, Unternehmungslust, Ausstrahlung, Motivation, Kreativität, Glücklichsein und vieles mehr. »Gesundheit ist nicht alles, aber alles ist nichts ohne Gesundheit.«

Besonders wichtig ist ein regelmäßiger Wechsel von Ruhe

und Aktivität. Genauso wie Sie nicht für Tage im Voraus essen können (manche essen zwar, als wollten sie das tun), ist es nicht möglich, sich ein Schlafkonto anzulegen. Die Natur geht immer im Rhythmus von Ruhe und Aktivität. Verstößt man dauerhaft gegen diesen natürlichen Biorhythmus, beeinträchtigt es die Lebenskraft und der Körper macht irgendwann schlapp oder wird im schlimmsten Fall ernsthaft krank.

> »Nur wer selbst ruhig ist, kann zur Ruhestätte all dessen werden, was Ruhe sucht!« *(Laotse)*

Gerade in dem Beruf der Kosmetikerin hat Gesundheit eine extrem hohe Priorität. Eine ruhige, gesunde und vitale Ausstrahlung kann auch durch Kosmetik nicht ersetzt werden. Ihr Wohlgefühl wird sich in allen Belangen ausdrücken: in Ihrem Erscheinungsbild, in Ihrer Inspirationskraft und Ihrer Überzeugungskraft. Und nicht zuletzt auch in Ihrem unternehmerischen Geist.

Schenken Sie sich selbst genügend Aufmerksamkeit?

	Ja	Nein
1. Ich halte Phasen von Ruhe und Entspannung für sehr wichtig		
2. Ich sorge für ausreichend Ruhepausen in meinem Leben		
3. Ich habe nicht ständig etwas um die Ohren (Aktivitäten, Verpflichtungen, Fernsehen, Radio ...)		
4. Ich habe Entspannungsphasen in meinen Tagesablauf eingeplant (Timer)		
5. Ich gönne mir ausreichend Schlaf		
6. Ich kann auch einmal gut loslassen		
7. Ich nehme mir Zeit für mich selbst		
8. Ich finde Ruhe bei Entspannungsübungen (Yoga, Tai-Chi etc.)		
9. Ich finde Ruhe im Gebet		
10. Ich mache regelmäßig Sport		
11. Ich genieße die Natur und nehme mir dafür Zeit		
12. Ich habe im Jahresrhythmus mehrere Entspannungsphasen eingebaut (Urlaub)		

Auswertung:

Wenn Sie mindestens die Hälfte der Fragen mit »JA« beantwortet haben, messen Sie dem Anti-Stress-Faktor *Entspannung* genug Aufmerksamkeit bei.

Einige grundlegende Tipps:
- Sorgen Sie für genügend Bewegung an der frischen Luft!
- Machen Sie regelmäßig Sport ohne Überanstrengung!
- Ernähren Sie sich gesund (vor allem frische und hochwertige Lebensmittel).
- Essen Sie frisches und leicht verdauliches Essen (insbesondere abends leichte Kost).

- Essen Sie abends früh! Nicht nach 18.00 Uhr.
- Sorgen Sie für ausreichend Schlaf! Und gehen Sie vor Mitternacht schlafen.
- Üben Sie Entspannungstechniken wie Tai-Chi, Yoga oder Meditation aus!
- Schaffen Sie gesunde Wohnbedingungen!

Kapitel 5

Diese Eigenschaften machen Sie als Kosmetikerin erfolgreich

5.1 Seien Sie anders! Und tun Sie immer mehr als nötig!

Für Ihre persönliche Sicherheit, Ihr Selbstbewusstsein halte ich es für absolut notwendig, dass Sie Ihre Mitbewerber/innen analysieren. Sie können die Branche nur einschätzen, wenn Sie sich Ihre Mitbewerber/innen hautnah anschauen. Gehen Sie regelmäßig zu Ihren Kolleginnen und lassen Sie sich behandeln, nur so spüren Sie selbst, was angenehm ist oder vielleicht ein existenzbedrohlicher Fehler.

Sammeln Sie überall Broschüren und Flyer, um Ihre Kolleginnen kennenzulernen – analysieren Sie den Markt und dessen Behandlungsqualität. Wie ist der Kundenumgang? Wie die Qualität der Beratung? Fragen Sie sich, warum der Kunde in dieses Institut geht! Was bewegt ihn, sich hier behandeln zu lassen?

Warum wir uns damit beschäftigen?
Sie werden dadurch erfahren, wie gut Sie sind und dass Sie das vielleicht sogar besser können. Was Ihnen negativ auffällt, kann Ihnen nicht mehr zum Verhängnis werden, weil Sie die gleichen Fehler mit großer Wahrscheinlichkeit nicht machen werden. Schließlich haben Sie am eigenen Leib

erfahren, wie man sich als Kunde fühlt, wenn die Kosmetikerin sich derartige Fehler erlaubt.

Wie können Sie sich von Ihren Mitbewerbern abheben?

Eine Branchenanalyse wird Sie dabei unterstützen, Ihren persönlichen Weg zu finden. Der Beruf Kosmetiker/in ist sehr facettenreich. Sie werden feststellen, dass es viele Richtungen gibt, in die Sie gehen können.

Was ist Ihre Einzigartigkeit?

Allein Ihr persönlicher Auftritt sollte so anders sein als das, was die Kunden kennen, dass Sie sich damit schon wirklich abheben. Auch Ihre »Speisekarte« sollte so anders sein, dass sich jeder angesprochen fühlt. Gestalten Sie unter dem Motto: weniger ist mehr, sodass für jeden etwas dabei ist, ohne den Kunden zu überfordern. Machen Sie nicht den Fehler, nur komplette Konzepte anzubieten.

- Seien Sie flexibel und geben Sie allen Kunden die Möglichkeit, genau das zu bekommen, was Sie auch wirklich wollen. Die Massage beispielsweise dürfen Sie ruhig auch als Solopaket anbieten, sie muss nicht zwingend mit Tiefenreinigung, Peeling, Augenbrauenkorrektur, Maske oder Packung gebucht werden.
- Signalisieren Sie Flexibilität und nehmen Sie die Bedürfnisse Ihrer Kundin oder des Kunden ernst. Der Kunde ist König. Rollen Sie gedanklich einen roten Teppich aus und verhalten Sie sich dementsprechend.

- Sagen Sie Ihrer Kundin beispielsweise schon vor der Behandlung, dass Sie nun 90 Minuten (oder 2 Stunden, je nach Anwendung) für sie da sind und sie verwöhnen. Bevor Sie mit der Massage beginnen, geben Sie ihr die Information, dass sie sich nun ganz in Ihre Hände fallen lassen und auch ruhig einschlafen darf. Kurze Info – große Wirkung!
- Im Anschluss an die Behandlung reichen Sie Ihrer Kundin gleich eine Erfrischung, das darf ein stilvolles Glas (zum Beispiel ein Weinkelch) gefüllt mit einem guten Wasser sein – stellen Sie auch die Flasche sichtbar dazu.
- Reichen Sie der Jahreszeit angepasst kalte und warme Getränke.

Im Sommer z.B.:

Karaffe mit Wasser, Eiswürfel und Limettenscheiben, kalten grünen Tee, Eistee mit Zitrone, Eiskaffee (ganz leicht zuzubereiten).

Im Winter z.B.:

Teemischungen wie: Winterzauber, Adventstee, Ingwertee (mit frischem Ingwer).

Reichen Sie schwarzen Tee und Kaffee bitte immer erst nach der Behandlung, sonst findet die Kundin vielleicht keine Ruhe!

Sprechen Sie alle Sinne Ihrer Kunden an, indem Sie:
- das Hören mit harmonischer Entspannungsmusik ansprechen,
- das Riechen mit ätherischen Ölen, wie Orange, Limette, Zitrone, Lemongras, Geranie, Lavendel, Rose etc.
- das Sehen durch wunderschöne und liebevoll gestaltete Räumlichkeiten. Wohlfühlambiente schaffen,

- das Fühlen, indem Sie Ihrer Kundin mit der Behandlung unvergessliche *magic moments* schaffen (bequeme Behandlungsliege, weiche Kissen, Kuscheldecke, liebevolle Hände),
- das Schmecken mit einem traumhaft dekorierten kleinen Obstteller, Obst je nach Saison, zum Beispiel: Erdbeere, Ananas, Kiwi, Apfel. Oder: Granatapfel, Banane, Kiwi, Orange.

Verwöhnen Sie mit optischen Raffinessen, es geht nicht darum, viel zu machen, aber das, was Sie machen, sollte Eindruck hinterlassen. Achten Sie auch auf stilvolles Geschirr und hübsche Gläser. Hier ist weniger mehr! Wichtig: Gute Qualität und tolle Optik.

5.2 Lernen durch Marktrecherche

Wenn Sie ein Kosmetikinstitut eröffnen wollen, so besuchen Sie vorher unbedingt mehrere Institute und lassen Sie sich selbst verwöhnen, so können Sie die Qualität Ihrer Mitbewerber unter die Lupe nehmen und den Markt einschätzen. Schauen Sie, was die anderen gut machen und was Sie sich anders oder besser wünschen würden. Das Beste von allen übernehmen Sie und machen es noch besser!
Kaizen, ein ständiger Verbesserungsprozess, der von Japan aus die ganze Welt erobert hat, wird Ihre Spitzenqualität und Wettbewerbsposition garantieren. Selbst wenn es schon einige Mitbewerber in Ihrer Umgebung gibt, werden Sie das Spiel gewinnen, wenn Sie bereit sind, ständig etwas zu verbessern. Viele Firmen arbeiten mit »Benchmarks« (Zielvorgaben), die

von den Besten der Branche vorgegeben werden. In der Praxis sieht das so aus: Man sucht exzellente Leistungen anderer Unternehmen, analysiert die Gründe für deren Erfolg und versucht es noch besser zu machen.

Damit das Niveau auch erhalten bleibt, bitten Sie dann später Ihre Kunden regelmäßig um ein ehrliches Feedback! Halten Sie immer die Augen auf und schauen Sie auf den Markt, wie sich andere weiterentwickeln – bleiben Sie am Ball!

> »Wichtig ist nicht besser zu sein als all die anderen.
> Wichtig ist besser zu sein, als du gestern warst!«
> *(Chinesisches Sprichwort)*

Viele Menschen haben Angst vor Konkurrenz: *»Oje, es gibt ja schon so viele Kosmetikerinnen.«* Schauen Sie sich doch mal um, wie viele Ärzte, Apotheker und Optiker es gibt. Sie existieren doch auch, warum sollte das in Ihrer für Sie neu entdeckten Branche anders sein? Es ist doch ganz einfach: Jeder bekommt die Kunden, die zu ihm passen. Glauben Sie mir: Menschen, die zu Ihnen kommen, gehen nicht zu Ihrer Mitbewerberin und umgekehrt, so viel ist sicher! Wenn eine Kundin einmal bei Ihnen war und Ihre wundervolle Behandlung an Leib und Seele erfahren hat, kommt sie garantiert wieder, vorausgesetzt, Sie haben auch menschlich alles richtig gemacht.

Dass Sie in der derzeitigen Phase, während Sie sich auf Ihre Selbstständigkeit vorbereiten, viele Geschäfte von Kolleginnen wahrnehmen, ist ganz normal; aber machen Sie sich damit nicht verrückt. Denn Sie bekommen ganz andere Kunden und vielleicht noch zusätzlich die, die bei den Mitbewerbern unzufrieden sind.

Wenn Sie sich mit etwas beschäftigen oder etwas toll finden, achten Sie viel mehr darauf und es begegnet Ihnen überall. Wenn Sie sich ein Auto kaufen wollen, sehen Sie die Marke, die Sie sich ausgesucht haben, plötzlich überall. Weil Sie Ihre Aufmerksamkeit darauf lenken. Das ist »selektive Wahrnehmung«. Sie spielen zum Beispiel mit dem Gedanken, sich pigmentieren zu lassen, und siehe da, Ihnen begegnen unzählige Menschen mit einem Permanent-Make-up. Sie sind total begeistert von einer bestimmten Hunderasse und überlegen, ob Sie sich solch ein Tier anschaffen und plötzlich sehen Sie nur noch diese Hunderasse.

Keine Angst vor Ihren Mitbewerbern! – Machen Sie sich immer wieder bewusst, dass Sie Ihre Tätigkeit gut machen. Trotzdem schauen Sie sich an, was die Mitbewerber tun. Es wäre fatal, nicht zu wissen, was Ihre Kolleginnen machen. Schauen Sie sich Ihr Umfeld an und machen Sie es besser.

> »Die GEDULD nicht verlieren, auch wenn es unmöglich scheint, das ist GEDULD.« *(Aus Japan)*

Denken Sie nun einmal über folgende Fragen nach:
- Warum gehen die Leute in dieses Institut?
- Was hören Sie von den menschlichen Qualitäten?
- Was für ein Typ ist die Inhaberin?
- Wie ist der Kundenumgang?

- Steht der Mensch im Mittelpunkt?
- Oder forciert Ihre Kollegin schon bei der Behandlung den Verkauf?
- Wodurch unterscheidet sich dieses Institut von anderen?
- Welche Behandlungskonzepte werden angewendet?
- Wie ist die Behandlung strukturiert?
- Wie lange dauert eine Behandlung?
- Wie intensiv wird gearbeitet?
- Wie ist die Behandlungsqualität?
- Welche Verfahren/Techniken sind herausragend?
- Wie ist der Verkaufsdruck?
- Wie ist die Preispolitik?
- Wie ist das Preis-Leistungs-Verhältnis?
- Welche Zusatzleistungen gibt es?
- Und gibt es auch kostenlose Zusatzleistungen?
- Gibt es eine klar definierte Angebotskarte?
- Und sind die Preise offen und übersichtlich dargestellt?
- Gibt es eine besondere Produktpalette?
- Gibt es Vorteile im Sortiment?
- Wie ist die Beratungsqualität?
- Gibt es flexible Öffnungszeiten?
- Sind auch Hausbesuche möglich?

Setzen Sie sich intensiv mit den Fragen auseinander, nur so verhindern Sie, dass Ihnen Fehler passieren, die Sie vielleicht nur schwer wiedergutmachen können.

Bevor Sie selbst starten, schauen Sie sich um und sammeln Sie Infomaterial, das Sie sich kritisch anschauen. Wenn Sie Ihre Mitbewerberinnen wirklich kennenlernen wollen bzw.

einschätzen möchten, wie sie arbeiten, lassen Sie sich behandeln, denn nur so erhalten Sie Informationen aus erster Hand. Das Ergebnis: Sie werden sich anschließend noch sicherer fühlen und noch mehr auf Ihre fachlichen Qualitäten vertrauen, weil Sie das viel besser können.

Checken Sie auch:
- Wie ist der Erstkontakt am Telefon?
- Wie ist die Begrüßung?
- Wie ist das Erscheinungsbild Ihrer Kollegin?
- Wie ist die Atmosphäre?
- Wie ist das Ambiente?
- Wie ist die Einrichtung?
- Wie ist die Kabineneinrichtung?
- Wie ist die Fachkompetenz Ihrer Kollegin?
- War die Hautdiagnose richtig?
- Wie gut ist die Gesichtsmassage?
- Wie ist der Behandlungsumfang (Dauer, Qualität)?
- Wie ist sie, Ihre Kollegin?
- Wie ist sie menschlich?
- Was tut sie mehr als nötig?
- Wie professionell ist die Beratung?
- Wie ist die Produktauswahl und Qualität der Produkte?
- Wie voll ist ihr Terminplan?
- Was macht sie besonders gut?
- Was macht sie eher schlecht?
- Würden Sie als Kunde wieder zu ihr gehen?

Nur so können Sie Ihre eigene Geschäftspolitik marktorientiert definieren und bleiben wettbewerbsfähig.

5.3 Wie Sie Erfolg magisch anziehen

> »Hebt man den Blick, so sieht man keine Grenzen.« *(Aus Japan)*

Jede Erfahrung von Erfolg bestärkt Sie psychisch und physisch in Ihrer Erfolgserwartung. Erfolgreiche Menschen sind deshalb so erfolgreich, weil Misserfolg in Ihrem Weltbild nicht vorkommt. In Ihrem Denken existiert die Möglichkeit des Misserfolges gar nicht.

Und das ist tatsächlich physisch. Die positive Erwartung ist nämlich physisch verankert bzw. neuronal strukturiert, wie wir vorher schon erfahren haben. Beim Erfolgreichen erwartet sozusagen jede Zelle des Körpers den Erfolg.

Wichtig! Deshalb ist es von großer Bedeutung, sich auch kleine Erfolge immer bewusst zu machen. Jeder Erfolg stärkt Sie für weitere Erfolge. Deshalb: Belohnen Sie sich für jeden Erfolg und für alles, was Sie gut gemacht haben!

5.4 Wie Sie die Kunden bekommen, die Sie sich wünschen

Sehen Sie sich in Ihrem Ort oder in Ihrer Stadt einmal die verschiedenen Restaurants an. Schauen Sie genau hin und Sie werden feststellen: Die Gäste passen genau zu den Betreibern und dem Ambiente. Auch wenn es Ihnen nicht bewusst ist, Sie senden permanent Ihre Energie aus und das, was Sie anziehen, ist nur das unschuldige Feedback. Das ist das **Gesetz**

der Anziehung, das wir vorher schon besprochen haben. Sie ziehen genau die Personen an, die zu Ihnen passen. Das bedeutet: Wollen Sie einen hohen Standard und gutes Publikum anziehen, dann müssen Sie, Ihre Mitarbeiter und Ihr Institut diesen Standard selbst verkörpern! In jeder Hinsicht: Ausstrahlung, Auftreten, Manieren, Optik, Kleidung, Ambiente, Behandlung usw. müssen zum Gesamtpaket passen!

Auch Ihre Präsentation nach außen muss dementsprechend sein. Viele Flyer und Visitenkarten, die ich in die Hand bekommen habe, sind einfach unprofessionell. Damit können Sie die besseren Kunden, die auch bereit sind, einen guten Service zu honorieren, nicht beeindrucken. Ganz im Gegenteil. Diese werden keine Chance bekommen, Ihre vielleicht einzigartigen Behandlungen kennenzulernen, weil sie Ihr Institut nicht einmal betreten werden.

5.5 Gehen Sie auf die Bedürfnisse der Kunden ein

Um die Bedürfnisse und Erwartungen der Kunden erfüllen zu können, müssen sie diese kennen. Deshalb hören Sie genau hin, warum die Kundin oder der Kunde zu Ihnen kommt.

• Bauen Sie Vertrauen auf, indem Sie Ihrer Kundin sagen, dass Sie immer und jederzeit sagen darf, wenn Ihr etwas nicht gefällt, und fragen Sie auch nach jeder Behandlung konkret nach, ob Ihr alles gefallen hat!

- Fühlen Sie sich in jeden Ihrer Kunden ein und nehmen Sie die Wünsche Ihrer Kunden ernst und tun Sie genau das, was der Kundin wichtig ist!
- In dem Zeitraum, während Sie mit einer Kundin zu tun haben, sollte sie der wichtigste Mensch sein. Sorgen Sie dafür, dass sie Ihre ungeteilte Aufmerksamkeit bekommt, denn nur so können Sie sich am besten auf sie einstellen und sich in sie einfühlen.
- Schirmen Sie Ihre Kundin ab – lassen Sie keine Störungen zu! Auch das Handy der Kundin sollte möglichst aus sein!

Manchen Menschen ist ein gutes Einfühlungsvermögen in die Wiege gelegt, andere tun sich damit eher schwer. Für diesen Beruf brauchen Sie ganz sensible Antennen und ein gutes Gespür, wie Sie auf die vielen, vielen unterschiedlichen Charaktere, die zu Ihnen kommen, eingehen können. Jeder Mensch ist einzigartig, das gilt auch für die Kunden auf Ihrem Behandlungsstuhl. Das heißt, Sie müssen sich immer wieder umstellen und neu auf jeden Menschen einstellen. Nur wenn Sie viel Sensibilität für die Wünsche Ihrer Kunden entwickeln, können Sie einen Kunden auch wirklich zufriedenstellen.

Es geht hier auch ein Stück weit darum, dass Sie sich zurücknehmen, da Sie sonst Gefahr laufen, von sich auf andere zu schließen, und dann der Kunde nicht mehr im Mittelpunkt steht. Oft gibt man dem Kunden dann etwas, was man selbst gut findet, und sieht gar nicht, was dieser wirklich möchte. Damit meine ich auch, dass Sie nicht pausenlos reden sollten, sondern der Kundin die Möglichkeit geben, sich mitzuteilen.

Hören Sie aufmerksam zu! Seien Sie für Ihre Kunden da und schauen Sie, dass Sie gute Arbeit leisten und die Kundin mit Ihrer Behandlungsqualität begeistern.

Von ganz besonderer Bedeutung ist auch, wie Sie grundsätzlich zu Ihrer Arbeit stehen. Wenn Sie Ihre Arbeit lieben, wird der Kunde das bei der Behandlung merken. Sie werden Arbeit nicht als Belastung empfinden und Ihre Tätigkeit wird Ihnen nicht die ganze Kraft rauben. Ganz im Gegenteil: Sie werden viel Lob und Anerkennung ernten und dadurch Freude und Energie gewinnen. Wenn Sie am Ende des Tages immer völlig ausgelaugt sind, machen Sie etwas falsch. Es ist verheerend, wenn ein Mensch jeden Tag zur Arbeit geht und sich innerlich sagt: *»Mensch, heut schon wieder dieser Mist.«* Damit tut man keinem einen Gefallen – der Firma nicht, den Kunden nicht, der eigenen Familie nicht, aber vor allem sich selber nicht.

5.6 Seien Sie Vorbild

Bevor Sie andere pflegen, pflegen Sie sich selbst! Gehen Sie selbst regelmäßig zur Kosmetikerin und leben Sie das, was Sie erzählen. Bedenken Sie, dass die Kunden gerade von einer Kosmetikerin erwarten, dass diese vom Scheitel bis zur Sohle topgepflegt ist. Um hier also erste Prüfungen zu bestehen, müssen Sie gewisse Erwartungen erfüllen, sonst haben Sie keine zweite Chance.

Es ist so entscheidend wichtig, dass Sie ein lebendes Beispiel von dem sind, was Sie den Kundinnen versprechen! Sie selbst sind Ihre beste Werbung ... oder eben das Gegenteil!

- Der Kunde muss spüren (nicht nur ihm sagen), dass es Ihnen gut geht.
- Vermitteln Sie Begeisterung von Ihrem Beruf.
- Zeigen Sie Freude, wenn Sie auf einer Weiterbildung waren.
- Erzählen Sie von neuen Ideen und Behandlungsmethoden.
- Beschreiben Sie, wie Sie sich pflegen!

Wichtig: Bleiben Sie dezent, ohne aufdringlich zu wirken!

Wie wollen Sie authentisch sein und zum Beispiel von einer kosmetischen Behandlung schwärmen, wenn Ihre letzte Behandlung schon ein Jahr zurückliegt. Durch regelmäßige Behandlungen mache ich mir immer wieder selber bewusst, wie schön doch meine Arbeit, sprich das, was ich tue, ist. Sie müssen selbst begeistert sein, dann kommt die Inspiration bei Ihren Kunden auch an.

Ebenso verhält es sich mit der Auswahl der passenden Produkte. Gehen Sie um Gottes willen keine faulen Kompromisse ein und entscheiden Sie sich einzig und allein für einen Produkthersteller, dessen Produkte Sie total überzeugt haben. Um sich selbst von den Produkten zu überzeugen, müssen Sie diese selbst anwenden. Aber auch das Marketingkonzept des Herstellers sollte zu Ihnen passen.

> »Eine gesunde Seele wohnt gern in einem gepflegten
> Körper!« *(Chinesisches Sprichwort)*

Machen Sie sich also selbst klar, was die Vorteile einer Gesichtsbehandlung sind, und fühlen Sie wie eine Kundin:
- Lassen Sie sich verwöhnen.
- Tun Sie auch mal etwas nur für sich selbst.
- Schalten Sie bei einer herrlichen Massage komplett ab.
- Lernen Sei unterschiedliche Produkte »hautnah« kennen.
- Lassen Sie sich mit professionellen Pflegeprodukten behandeln.
- Erleben Sie Entspannung pur.
- Empfinden Sie ein völlig neues Hautgefühl.
- Spüren Sie mehr Frische und Vitalität für Ihren ganzen Körper.
- Schalten Sie komplett ab.
- Finden Sie Ihre Mitte und innere Ruhe.
- Genießen Sie die intensive Zuwendung.
- Nehmen Sie Ihre Sinne bewusst wahr und genießen Sie.
- Sie werden umsorgt und verwöhnt, brauchen nichts zu tun.
- Entdecken Sie durch regelmäßige Behandlungen ein neues Körperbewusstsein.
- Lernen Sie viele verschiedene Behandlungsverfahren kennen.

Die Folgen werden sein:
- sich hübscher und attraktiver zu fühlen
- eine gepflegte und jugendliche Ausstrahlung
- eine schöne Haut (keine Hautprobleme wie Unreinheiten)

- perfekte Augenbrauen und Wimpern
- positive Veränderung des Äußeren durch optimale Pflege und vorteilhaftere Schminktechniken

Das alles wird sich in einer Steigerung Ihres Selbstwertgefühls ausdrücken.

5.7 Image der Fachkosmetikerin

Trotz der vielen positiven und wohltuenden Aspekte wird die gesundheitsfördernde Wirkung einer kosmetischen Behandlung leider nur von etwa 10 Prozent der Frauen in Deutschland in Anspruch genommen. In Italien und in der Türkei hingegen ist das Pflegebewusstsein der Frauen weitaus höher. Dort sind es immerhin 25 Prozent, die regelmäßig ein Schönheitsinstitut besuchen. Diese Quote ist auch darauf zurückzuführen, dass in den südlichen Ländern die Frauen sehr großen Wert auf Enthaarung legen und allein deshalb schon regelmäßig zur Kosmetikerin gehen.

Ich bin sicher, dass viele Frauen gar nicht wissen, wie traumhaft schön und wohltuend eine Kosmetikbehandlung ist. Was sicher auch auf viele falsche Schlussfolgerungen zurückzuführen ist wie: Kosmetik ist doch Schminken oder Produktverkauf. Produkte aus der Apotheke oder aus dem Reformhaus haben den gleichen Effekt. Das liegt leider daran, dass unsere Arbeit noch nicht die richtigen Kreise gezogen hat und noch viel zu unbekannt ist, was genau eine kosmetische

Behandlung beinhaltet und wie sie sich auf den Organismus auswirkt. Hier sind wir gefordert, noch mehr Aufklärungsarbeit zu leisten, indem wir uns trauen, zum Beispiel im Kneippverein, bei den Landfrauen oder im Tennisclub (um nur einige zu nennen), mal über unsere Arbeit zu sprechen. Mit dem Ziel, dem Verbraucher klarzumachen, dass der fachliche Rat einer Kosmetikerin im Bezug auf die Hautdiagnose und Pflege kompetenter ist als beispielsweise der eines Apothekers, den dieser ist der Fachmann für pharmazeutische Produkte und Medikamente. Viele Apotheken bauen sich mit dem Produktverkauf ein weiteres Standbein auf. Ob dort wirklich jede pharmazeutisch-kaufmännische Angestellte (PKA) eine professionelle Hautdiagnose auf die Reihe bekommt und die Pflegeserien so optimal zusammenstellt wie eine Kosmetikerin, kann ich mir nicht vorstellen.

Ihre Zielgruppen müssen erkennen, dass die Beratung, die Behandlung und auch die Pflegeergebnisse einer Fachkosmetikerin unvergleichbar sind und dass die Anwendungen eine gesundheitsfördernde Wirkung haben. Gerade in der heutigen hektischen und schnelllebigen Zeit ist es für jeden Menschen gleichermaßen wichtig, auch einmal die Seele baumeln zu lassen.

Machen Sie so oft wie möglich Workshops, in denen Sie Ihre Arbeitsabläufe, insbesondere die Massage, präsentieren. Ihre Kunden von morgen wissen erst, wie schön eine Behandlung ist, wenn sie es auch einmal gesehen oder noch besser selbst erlebt und gespürt haben. Deshalb werben Sie mit Schnupperbehandlungen und laden Sie kostenlos dazu ein. Am

Anfang haben Sie noch viel Leerlauf, und damit keine Langeweile aufkommt, sollten Sie mindestens eine kostenlose Behandlung pro Tag in Ihrem Terminkalender haben. Kunden, die Sie einmal in Ihren Händen hielten, kommen immer wieder! Der Kunde wird noch Tage später an dieses schöne Erlebnis denken und bei jedem Blick in den Spiegel feststellen, wie gut er/sie doch aussieht.

Bedenken Sie aber auch, dass viele Kunden schon schlechte Erfahrungen mit einer kosmetischen Behandlung gemacht haben und deshalb kein großes Interesse mehr haben, sich noch einmal darauf einzulassen. Sie wurden vielleicht von der Kosmetikerin unter Kaufzwang gesetzt, in kleinen Abstellkammern behandelt oder so gequält (Ausreinigung), dass sie hinterher schlimmer aussahen als vorher. – Stellen Sie gesundheitsfördernde Aspekte und die intensive Entspannungsmassage deutlich in den Vordergrund und machen Sie dem Kunden bewusst, welch großartigen Nutzen es für ihn hat, regelmäßig zur Kosmetikerin zu gehen. Wecken Sie sein Bedürfnis!

Aufklärungsarbeit können Sie überall leisten! Sie sind ja das lebende Modell Ihrer Arbeit. Besonders wirkungsvoll sind natürlich Präsentationen an Orten, an denen Sie viele Menschen erreichen. Sie haben es in der Hand und bestimmen selbst, ob die Menschen zu Ihnen kommen oder nicht, und die Qualität Ihrer Behandlungen ist maßgebend, ob der Kunde wiederkommt.

Folgende Kooperationspartner bieten sich an:
• Hautarztpraxen
• Moderne Arzt- und Zahnarztpraxen

- Kurkliniken
- Naturheilpraxen
- Massage- und Physiotherapiepraxen
- Wellness- und Gesundheitszentren
- Fitnessstudios und Wellnessanlagen
- Parfümerien und Drogerien
- Friseursalons
- Sonnenstudios
- Fingernagelstudios
- Modehäuser und Boutiquen
- Fotostudios
- Reformhäuser
- Optikergeschäfte
- Stilvolle Blumengeschäfte
- Geschenkartikelläden
- Feine Restaurants
- Sommer-Locations
- Hotels
- Haushalts- oder Verbrauchermessen
- Vereine

Kapitel 6

Die goldenen Regeln

Alle Punkte sind Teil der goldenen Regeln. Fassen wir zusammen:

1. Die richtige Einstellung ist entscheidend
2. Oberstes Ziel: der Nutzen unserer Kunden
3. Das eigene Auftreten – professionell und äußerst gepflegt
4. Atmosphäre und Wohlfühlambiente schaffen
5. Genaue Analyse des Bedarfs
6. Gleichbleibende Qualität Ihrer Leistungen
7. Eine Beziehung zum Kunden aufbauen
8. Netzwerke schaffen
9. Faden nicht abreißen lassen
10. Events planen – im Gespräch bleiben
11. Weiterbildung – immer auf dem neusten Stand
12. Für das eigene Wohlergehen sorgen

> »Wenn GÜTE von uns ausgeht, werden wir auch
> Güte erfahren.« *(Aus China)*

Zu 1. Die richtige Einstellung ist entscheidend

➠ Entscheidend ist immer die Absicht, mit der Sie etwas tun. Die Absicht macht den Unterschied. Wenn Sie Ihre Arbeit mit der Einstellung machen: »Ich mache den Kunden happy«, haben Sie das Ziel schon halb erreicht. Jetzt müssen Sie es nur noch tun!

➠ Wenn der Kunde Ihr Geschäft betritt, so empfangen Sie ihn herzlich und geben Sie ihm das Gefühl: Sie sind mir wichtig! Ich bin jetzt ganz bei Ihnen und habe Zeit für Sie. Und das sollten Sie auch ernst meinen und in die Tat umsetzen!

➠ Zuverlässigkeit und Pünktlichkeit sind Ausdruck der Wertschätzung des Kunden. Planen Sie so, dass es keine Wartezeiten gibt.

➠ Sorgen Sie für eine gute Struktur am Arbeitsplatz und seien Sie ebenso gut organisiert, um Unterbrechungen zu vermeiden. Nehmen Sie sich auch die Zeit, den Kunden in Ruhe zu verabschieden. Das ist ein Teil des Eindrucks, den er mit nach Hause nimmt.

Zu 2.   Oberstes Ziel: der Nutzen unserer Kunden

➠ Oberstes Ziel ist immer der Nutzen des Kunden. Überlegen Sie sich: Was kann ich tun, um meine Kunden glücklich zu machen? Was kann ich ihm geben? Wie kann ich ihm dienen – eine ordentliche Dienstleistung erbringen?

➠ Seien Sie aufmerksam und informieren Sie sich schon, bevor der Kunde zu Ihnen kommt, anhand Ihrer Karteikarte über seine Wünsche und Vorlieben und stellen Sie sich auf ihn ein. Nehmen Sie sich für einen Neukunden genügend Zeit für den Erstkontakt. Nur so finden Sie heraus, warum der Kunde zu Ihnen kommt und was sein Hauptanliegen ist.

Zu 3. Das eigene Auftreten – professionell und äußerst gepflegt

➠ Ihr Auftritt sollte Ihre Kunden nicht nur fachlich beeindrucken, auch Ihr optisches Erscheinungsbild muss überzeugend sein. Eine schicke, professionelle Arbeitskleidung ist hier ebenso wichtig wie eine beständige Körperpflege von Kopf bis Fuß. – Ein äußerst gepflegtes Äußeres, aber auch feine Umgangsformen sind nicht nur für die Wellnessbranche, sondern für alle Dienstleistungsberufe lebensnotwendig. Seien Sie nicht gekünstelt, sondern ganz natürlich! Es schadet auch nicht, wenn Sie mal den Knigge in die Hand nehmen.

➠ Ganz, ganz wichtig ist die Hygiene. Hygiene beginnt bei Ihnen selbst. Auch nach mehreren Stunden Arbeit sollten Sie noch angenehm riechen, sonst vertreiben Sie sehr schnell Ihre Kunden. Falls Sie Probleme in dieser Beziehung haben, hilft nichts, als zwischendurch zu duschen und »sofort« nach dem Abtrocknen ein Deo aufzutragen. Bitte achten Sie darauf, sich nicht zu stark zu parfümieren, denn dies kann genauso abstoßend wirken. Auch Mundhygiene ist ein Muss und absolut entscheidend wenn Sie Ihre Kunden wieder sehen möchten. Also ab sofort mehrmals täglich Zähne und Zunge putzen!

➠ Aber auch die komplette Praxis muss zu 100 Prozent sauber und ordentlich sein. Sorgen Sie dafür, dass es keine Schandecken gibt, woran sich die Kundin stößt. Ganz besondere Aufmerksamkeit sollten Sie Ihrem Arbeitsplatz schenken, der nach jeder Kundin desinfiziert und frisch hergerichtet wird, sodass nicht der Eindruck entsteht, da ist nicht sauber gemacht worden oder die Handtücher wurden nicht gewechselt. Alles sollte so sauber sein, dass Sie sich selbst jederzeit an Ihrem Arbeitsplatz behandeln lassen würden.

➠ Als regelmäßige und leidenschaftliche Saunabesucherin schenke ich mir auch ganz gern mal eine Massage. Abgesehen davon, dass die Qualität der Massagen und die Zuwendung sehr unterschiedlich sind, hat mich nicht nur einmal der Geruch des Masseurs / der Masseurin gestört. Es geht doch gar nicht, dass ein Masseur, den man ganz nahe an sich heranlässt, aus jeder Pore nach Knoblauch stinkt. Aber auch Zigarettenrauch ist für den Kunden sehr unangenehm. Bedenken Sie: Wenn Sie selbst Raucher sind, können Sie das nicht riechen und nachvollziehen. Leider ist es doch so, dass der Kunde sich nicht traut etwas zu sagen und stattdessen einfach nicht wiederkommt. So war das auch in meinen Fall. Keiner der Masseure hat mich je in seiner Praxis wiedergesehen und natürlich hab ich meine Erfahrung auch weitererzählt.

Zu 4. Die Gestaltung des Ambientes

➠ Wichtig ist, dass Sie eine wunderschöne Atmosphäre und ein Wohlfühlambiente für Ihre Kunden schaffen, was den Alltag vergessen lässt. Der Stil sollte ein einheitliches Bild ergeben. Die Farben sollten warm sein und eher dezent. Die Räume sollten angenehm duften. Vergessen Sie auch nicht, nach jedem Kunden zu lüften!

➥ Sauberkeit und Hygiene ist natürlich ein Gebot für jedes Detail Ihres Institutes. Denken Sie auch an Handtücher und Decken, auch sie sollten immer frisch sein und gut riechen.

➥ Wenn der Kunde es mag, können Sie auch leise Entspannungsmusik spielen. Vielleicht aber wünscht er sich nur Stille bei der Behandlung. Fragen Sie, bevor Sie mit der Behandlung beginnen, detailliert nach und halten Sie Vorlieben und Wünsche auf der Karteikarte fest. Wenn sich der Kunde behaglich und aufgehoben fühlt, haben Sie schon fast gewonnen.

Zu 5. **Genaue Analyse des Bedarfs**

➥ Das bedeutet vor allem herauszufinden, was der Kunde sich wünscht, was der Kunde braucht – und nicht, was Sie verkaufen wollen! Nicht, was Ihnen gefällt und was Sie klasse finden, mag auch der Kunde toll finden. Hören Sie aufmerksam zu!

➥ Die Beratung sollte professionell und keinesfalls missionarisch sein. Überfallen Sie den Kunden nicht mit all dem, was Sie wissen, geben Sie Ihr Wissen dosiert. Hier ist Fingerspitzengefühl gefragt.

Zu 6. **Gleichbleibende Qualität**

➥ Bevor Sie beginnen, schalten Sie alle möglichen Störquellen und Nebengeräusche aus. Die Türglocke oder das Läuten des Telefons kann die beste Behandlung zunichtemachen. Die Raumtemperatur sollte passend zum Konstitutionstyp sein, bedenken Sie, der Wärmehaushalt der Menschen ist verschieden.

➠ Wenn ein Kunde friert, wird er die beste und liebevollste Behandlung nicht genießen können. Deshalb fragen Sie ruhig auch noch einmal zwischendurch nach, ob alles angenehm ist. Auch wenn Sie bereits am Anfang bei der Anamnese und Diagnose signalisiert haben, dass die Kundin sich in jedem Fall meldet, wenn ihr etwas nicht gefällt. Was es auch ist: Die Musik gefällt ihr nicht, sie ist zu laut, zu leise, sie mag den Geruch eines Produktes nicht, die Kabine ist zu warm oder zu kühl. Schaffen Sie von Anfang an eine Vertrauensbasis, dass sich der Kunde traut, seine Wünsche zu äußern. Schreiben Sie alles auf und seien Sie aufmerksam, Sie müssen sich bei der nächsten Behandlung schon an gewisse Details erinnern und können nicht alles noch einmal fragen.

➠ Unser Behandlungsprogramm sollte abwechslungsreich und maßgeschneidert für den Kunden sein. Nehmen Sie ruhig auch einmal ein anderes Produkt und nicht immer die gleiche Maske oder Packung und dieselbe Massagecreme. Fangen Sie einfach auch mal anders an, zum Beispiel mit einem heißen Fußbad im Winter, mit Orangenblüten oder Rosenblättern. Sie können auch ätherische Öle wie Rosmarin, Lavendel, Zitronenmelisse, Salbei oder Pampelmuse verwenden. Massieren Sie die Hände während der Maskenpause oder auch die Füße.

➠ Vermerken Sie Lieblingsprodukte und Zusatzbehandlungen unbedingt auf der Karteikarte! Sorgen

Sie für Spitzenqualität und gleichbleibende Leistungen!

➠ Die Produkte, die wir anbieten, sollten Originalprodukte sein, keine Schummelpackungen. Üben Sie vor allem beim Verkauf keinen Druck aus. Bedenken Sie: Niemand möchte ein Objekt des Verkaufens sein! »Man fühlt die Absicht und ist verstimmt«, hat Wilhelm Busch treffend formuliert.

➠ Zu den kleinen, aber auch wichtigen Dingen gehören: kurze Fingernägel; Ringe, Armbänder oder tickende Uhren abnehmen und lange Haare hochstecken. Kaugummikauen verbietet sich von selbst.

➠ Bitte beachten Sie auch, den Körperkontakt bei jeder Behandlung nicht abrupt abzubrechen, sondern immer sanft ausklingen zu lassen.

Zu 7. **Eine Beziehung zum Kunden aufbauen**

➠ Sympathie ist hier das Schlüsselwort und wie heißt es so schön, die Chemie muss stimmen, das ist eine wesentliche Voraussetzung. Um Sympathie zu gewinnen, müssen wir individuell auf die Persönlichkeit eines jeden Kunden eingehen und uns immer wieder auf die unterschiedlichen Charaktere der Menschen einstellen, die zu uns kommen. Jeder Kunde ist anders, der eine möchte gerne über seine persönlichen Dinge sprechen, der andere will seine Privatsphäre absolut aufrechterhalten. Viele Menschen brauchen auch erst etwas Zeit, um warm zu werden und Vertrauen zu finden. Akzeptieren Sie die verschiedenen Charaktere und auch die Einstellungen der Menschen und seien Sie tolerant. Geben Sie jedem Kunden das Gefühl, dass er so, wie er ist, vollkommen in Ordnung ist. Öffnet sich ein Kunde und vertraut sich Ihnen an, ist Diskretion oberstes Gebot!

➠ Es empfiehlt sich auch, nicht über die eigenen persönlichen Probleme zu sprechen. Manche Personen betrachten die Zeit bei Ihnen als eine Zeit, in der sie mal zumindest für eine kurze Zeit den Problemen entrinnen können. Es versteht sich von selbst, dass wir nicht über andere Kunden sprechen und schon gar nicht negative Bemerkungen machen. Bedenken Sie auch, dass Sie eine Schweigepflicht haben.

Zu 8. **Netzwerke aufbauen**

➠ Wenn Sie Ihren Beruf lieben, brauchen Sie kaum eine Gebrauchsanweisung, Sie tun viele Dinge aus Liebe zum Detail und ganz automatisch. Und doch sind es oft die berühmten Kleinigkeiten, auf die wir allein gar nicht gekommen wären oder an die wir uns nicht herantrauen würden. Das Empfehlungsmanagement ist zum Beispiel so ein sensibles Thema, womit man nichts zu tun haben möchte. Doch besonders in dieser Branche kommen wir nicht daran vorbei und können es nicht vermeiden, den Kunden mit einzubeziehen, wir müssen nach Empfehlungen fragen, denn für Ihren Erfolg ist es sehr wichtig, dass Sie ein Netzwerk aufbauen. Sie werden später feststellen, das ist gar nicht so schwer. Fühlt der Kunde sich wohl in Ihren Händen und ist er glücklich und zufrieden mit Ihren Leistungen, so gibt er Ihnen auch gern eine Empfehlung. *Lesen Sie in Kapitel 12 und 13 die notwendigen Schritte.*

Zu 9. Faden nicht abreißen lassen

➠ Es ist ganz wichtig, dass Sie kontinuierlich um den Kunden werben und den Faden nicht abreißen lassen. Dazu gehören auch regelmäßige Informationen. Ganz besonders am Anfang, wenn Sie noch im Aufbau sind und sich über jeden einzelnen Kunden freuen, müssen Sie kreativ bleiben und alle Werbemaßnahmen ausschöpfen. Auch sollten Sie diese Zeit des Aufbaus nutzen und sich intensiv und aufmerksam um jeden einzelnen Kunden kümmern – das darf aber später, wenn Sie ausgebucht sind, nicht schlagartig weniger werden. Dann heißt es nämlich, am Anfang hat sie sich noch Mühe gegeben oder heute hat sie das nicht mehr nötig usw.

➠ Wie Sie effektiv Ihren Kundenstamm an sich binden, werden wir in Kapitel 12 noch ausführlich besprechen.

Zu 10. Events planen

➠ Spezielle Events oder Erlebnistage sind ein Mittel, um auf sich aufmerksam zu machen und die Kunden an sich zu binden. Auch Kundenseminare, die über den eigenen Horizont hinausgehen können, sind ein Mittel, sich von anderen Mitbewerbern abzuheben. Sorgen Sie für interessante Angebote und Veranstaltungen, sodass Ihre Kunden schon neugierig sind und nachfragen, wann Sie wieder etwas Ähnliches anbieten. Ihre Kunden werden sich darauf freuen und gern zu Ihnen kommen. *Später mehr dazu.*

Zu 11. Weiterbildung

➠ Stillstand ist Rückgang. Wer sich nicht weiterbildet, bleibt stehen und wird von den Mitbewerbern überholt. Selbst wenn Ihr Unternehmen fantastisch läuft, gerade dann dürfen Sie nicht damit aufhören, etwas zu verbessern und sich weiterzubilden. Bleiben Sie immer am Ball und lassen Sie nicht nach, sonst verlieren Sie das Spiel. Sorgen Sie stets für qualitative Verbesserungen und erweitern Sie Ihr Angebotsspektrum, dadurch bleiben Sie attraktiv. Weiterbildung ist die Basis für Fortschritt in Ihrer Entwicklung.

Zu 12. Für das eigene Wohlergehen sorgen

➠ Um das auszustrahlen, was Sie Ihren Kunden verkaufen wollen, müssen Sie lernen sich zuallererst einmal um sich selbst zu kümmern. Wenn Sie selbst leer und ausgebrannt sind, haben Sie nichts, was Sie anderen Menschen geben können. Sorgen Sie für Ihr eigenes Glücklichsein, dann werden Sie ganz natürlich das ausstrahlen, was sich Ihre Kunden wünschen. Sie können authentisch sein und müssen keine künstliche Rolle spielen, was – zumindest feinfühlige Kunden – ohnehin merken.

Kapitel 7

Existenzielles Wissen für Existenzgründer

Ein gutes Lehrinstitut gibt Ihnen nicht nur eine hochwertige, qualifizierte fachliche Ausbildung, hier erhalten Sie auch einen praxisnahen Überlebensplan. Es ist selbstverständlich, dass eine ordentliche Schule auch nach Ihrer Ausbildung noch für Sie da ist und Ihnen mit Rat und Tat zur Seite steht. Falls Sie die Ausbildung noch vor sich haben, schauen Sie sich die Schulen ganz genau an. Erkundigen Sie sich auch über das Lehrpersonal, fragen Sie gezielt nach deren Bildungsweg und den Berufsjahren insgesamt, das sagt sehr viel über das Hintergrundwissen und die Berufserfahrung aus. Seien Sie äußerst kritisch und informieren Sie sich detailgenau über alle Lehrinhalte und klären Sie im Vorfeld, ob das kleine Einmaleins der Selbstständigkeit und elementare Bestandteile des Marketings und der Werbung inklusive sind! Die Fachschule Cosmeda International zum Beispiel bietet seit einigen Jahren auch Marketingseminare an. Schon in den Grundausbildungen gehören lebenswichtige Bausteine des Marketings und der Werbung zur Tagesordnung.

Wer kann Sie besser bei Ihrem Vorhaben unterstützen und beraten als die Fachleute, die selbst den Weg erfolgreich gegangen sind?

- Das bedeutet nicht, dass Sie nicht auch andere Berater, zum Beispiel Steuerberater, mit einbeziehen.

- Falls Verträge geschlossen werden müssen, kann es sinnvoll sein, einen Rechtsanwalt oder Notar zu Rate zu ziehen.
- Bankberater helfen Ihnen bei günstigen Darlehen, Förderprogrammen und Existenzgründerdarlehen.
- Die Industrie- und Handelskammer bietet zum Teil kostenlose Beratungen zu allgemeinen betriebswirtschaftlichen Fragen an.

7.1 Die Geschäftsidee

Jedes Jahr eröffnen mehr als 4.000 Kosmetikerinnen ein Institut. Leider schließt jedoch schon die Hälfte nach einem Jahr wieder. Das, obwohl der Wellnessmarkt boomt. Jede dritte Frau in Europa war mindestens schon einmal bei einer Kosmetikerin und interessiert sich für Kosmetik. Heute gehen mehr Männer denn je zur Kosmetikerin. Wieso scheitern dann so viele mit ihrer Selbstständigkeit? Was sind die möglichen Gründe?

- Berufswahl falsch
- mangelhafte Ausbildung
- es fehlt an fachlicher Kompetenz
- keine kaufmännischen Kenntnisse
- keine Marketinggrundlagen
- keine Atmosphäre
- es fehlt an Zeit, Ruhe und Geduld
- kein Wohlfühlambiente
- keine Ahnung von Kundenumgang

- es fehlt an menschlichen Qualitäten
- kein Einfühlungsvermögen
- zu großer Einstieg – lieber klein anfangen und wachsen
- keine Reserven – falsche Finanzierungsform
- zu hohe Kosten – mehr Ausgaben als Einnahmen
- falsche Angebote, Dienstleistungen
- zu kleine Preise
- unprofessioneller Auftritt
    ➠ Business-Outfit, gepflegte Erscheinung, herzlicher und freundlicher Umgangston, professionelle Werbung, Flyer, Visitenkarten, Homepage

Hier nun noch einige ganz besonders wertvolle Ratschläge für Sie:
- Prüfen Sie die Schule, für die Sie sich entscheiden, auf Herz und Nieren!
- Wie ist die Philosophie dieser Schule? Was ist deren Motiv? Was ist deren Ziel? Sind die Trainer erfahren? Welche Ausbildungen bringen diese mit ein?
- Wie groß ist der Praxisanteil?
- Stehen genug Modelle zur Verfügung?
- Lernen Sie wellnessorientiert und ganzheitlich und können Sie die Behandlungsabläufe später von A bis Z mit Ihren Händen durchführen?
- Sind Sie nach der Ausbildung startklar? Reicht Ihr Fachwissen so weit, dass Sie auch mit einer Problemhaut fertig werden, oder müssen Sie sich erst noch nach weiteren Zusatzkursen umsehen?
- Fangen Sie Ihre Selbstständigkeit klein und bescheiden an! Behalten Sie die Kosten im Auge!

- Geben Sie nicht mehr Geld aus, als Sie verdienen! Denken Sie an Ihren Kostenapparat – das Geld in Ihrer Kasse ist nicht gleich Gewinn!
- Schaffen Sie Rücklagen für Notfälle – so bleiben Sie entspannt!
- Wenn Sie in einer Sache Meister geworden sind, werden Sie in der nächsten Sache Schüler! Bleiben Sie am Ball und bilden Sie sich weiter! Lesen Sie regelmäßig Fachzeitungen und besuchen Sie mindestens eine Fachmesse pro Jahr. Hören Sie niemals damit auf, sich weiterzuentwickeln!
- Seien Sie anders und tun Sie immer mehr als nötig, unter dem Motto: Eine Sache ist erst dann gut, wenn man nichts mehr hinzufügen kann!
- Machen Sie aus *Ihrem* Institut eine Wohlfühloase! Sodass Sie sich selbst jeden Tag auf Ihren Arbeitsplatz freuen!

Ist die Idee erst einmal geboren, möchte sie auch umgesetzt werden. Nun ist es wichtig, sich gedanklich auf den Stuhl des Kunden zu setzen bzw. zu überlegen und wirklich hinzufühlen, was will die Kundin / der Kunde? Denn nur wenn Sie das herausfinden, können Sie letztendlich das Richtige tun.

Nehmen Sie ein Blatt Papier und listen Sie auf, was Ihnen selbst wichtig ist!

- Was ist Ihre Philosophie – was wollen Sie den Menschen da draußen bieten?
- Wie wollen Sie es anders machen?
- Warum sollte die Kundin zu Ihnen kommen?

Schreiben Sie alles auf – bis Ihnen klar wird, wie Ihr Konzept aussehen soll. Und zum Schluss: Verfassen Sie Ihre Unternehmensphilosophie und Ihre Mission!

7.2 Wichtige Punkte der Existenzgründung

Wichtige Punkte der Existenzgründung sind:
- Das Konzept erstellen
- Eine Marktanalyse erstellen
- Den Standort analysieren
- Die Wettbewerbssituation analysieren
- Die voraussichtlichen Investitionen berechnen
- Eine Rentabilitätsberechnung erstellen
- Mögliche Förderprogramme nutzen
- Sich nach günstigen Darlehen erkundigen
- Die Rechtsform festlegen

Wenn Sie für Ihr Geschäftsvorhaben einen Kredit benötigen, besteht die Bank oft auf einem *Businessplan.*

Hierfür ist es unerlässlich, ein komplettes *Geschäftskonzept* aufzustellen und entsprechend zu präsentieren. Stellen Sie sicher, dass Sie an alles gedacht haben. Wichtig ist hier auch Ihr persönlicher Auftritt!

Ihre Kreditwürdigkeit hängt von mehreren Faktoren ab, doch je überzeugter Sie selbst von Ihrem Projekt sind, desto größer ist die Chance, dass Sie wirklich einen Kredit bekommen.

Leider werden Sie nicht darum herumkommen, sich auch mit betriebswirtschaftlichen Dingen auseinanderzusetzen. Nur mit einem logischen Durchblick und zu Papier gebrachten Fakten lassen sich Banker überzeugen. Auch wenn dies schwerfällt, haben Sie im Bewusstsein, dass Sie es für Ihre eigene Zukunft und für Ihre eigene Sicherheit tun. Sie müssen wissen, worauf Sie sich da einlassen. Sie werden sehen, es lohnt sich.

Sprechen Sie mit der Bank Ihres Vertrauens auch über Förderprogramme des Bundes. Diese sind jedoch von Bundesland zu Bundesland verschieden.

Informieren Sie sich in Fachbüchern und setzen Sie sich intensiv mit dem Thema Existenzgründung auseinander und besuchen Sie ein Seminar! Auch im Internet gibt es interessante Seiten, wo man sich für kleines Geld beraten lassen kann. Schauen Sie doch mal auf: *www.existenzgruender.de*

Wenden Sie sich an die Industrie- und Handelskammer oder an die Handwerkskammer.

Ihr Konzept sollte von A bis Z schlüssig sein. Beschreiben Sie Ihr Geschäftsvorhaben detailgenau, nur so kann die Bank Ihr Konzept optimal beurteilen, Risiken aufdecken und Gefahren einschätzen.
Seien Sie auch darauf vorbereitet, dass Banken eine Konkurrenzanalyse durchführen. Denken Sie immer einen Schritt voraus und legen Sie der Bank Ihre Auswertungen zuerst vor. Vergleichen Sie nun noch einmal Ihre Angebotspalette mit

der Ihrer Mitbewerber und argumentieren Sie mit Dienstleistungen, die noch nicht angeboten werden. Hier ist auch Ihre Kreativität gefragt.

7.3 Selbstständige Unternehmerin

Als selbstständige/r Unternehmer/in arbeiten Sie endlich für sich selbst und haben keinen Ärger mehr mit Vorgesetzten oder Kollegen. Sie müssen sich keine Sorgen mehr machen, ob Sie bei der nächsten Kündigung dabei sind. Sie sind frei! Können schalten und walten, ganz wie Sie das für richtig halten, und müssen niemanden fragen oder sich rechtfertigen. Endlich können Sie kreativ sein, Ihre Arbeit selbst bestimmen, sind eigenverantwortlich und können sich über Ihren Erfolg freuen.

Allerdings tragen Sie jetzt auch die volle Verantwortung und sind auf sich allein gestellt. Von nun an gilt es, fleißig zu sein. Sie haben in der Aufbauphase spät Feierabend, weniger Freizeit, keinen gesicherten Urlaub und stehen vielleicht sogar unter einem enormen Druck, weil Sie keinen Plan B haben. Vielleicht haben Sie sogar Angst zu scheitern. Sie haben nun neue Probleme mit Mitbewerbern (Konkurrenz gibt es nicht!), Lieferanten, Banken, Behörden und so weiter.

Prüfen Sie selbstkritisch, ob Sie dieser Herausforderung gewachsen sind, und wenn Sie sich entschieden haben, konzentrieren Sie sich auf Ihr Ziel und fangen Sie an, das Ziel Schritt für Schritt zu verwirklichen.

> »Dem Gehenden schiebt sich der Weg unter die Füße!«
> *(Chinesische Weisheit)*

Wenn Sie die folgenden persönlichen Voraussetzungen erfüllen, müssen Sie nicht länger überlegen:

- Kosmetiker/in ist Ihr ganz großer Traumberuf
- Sie sind fachlich qualifiziert
- Sie verwöhnen gern – vermitteln Ruhe und Geborgenheit
- Sie haben Freude daran, Menschen optisch zu verschönern
- Sie sind ein herzlicher und freundlicher Mensch
- Sie gehen gern mit Menschen um – haben eine positive Ausstrahlung
- Sie haben ein gutes Einfühlungsvermögen und hören gern zu
- Sie sind geistig und körperlich belastbar
- Es macht Ihnen Spaß und Freude, Kunden zu umsorgen und sie beispielsweise mit einem Kurzurlaub für Körper, Geist und Seele aufzubauen
- Sie haben Geduld und Ausdauer, sind ehrlich, natürlich, authentisch, zuverlässig, flexibel, einfühlsam, souverän, integer, aber auch beharrlich.

7.4 Kalkulation der Gründungsinvestitionen

Für die richtige Kalkulation Ihrer ersten Investitionen müssen Sie wissen, welches Equipment Sie brauchen.

Hier ein Starterpaket für die Kosmetik und Fußpflege:
- Behandlungskoffer für Hausbesuche mit kleinem Equipment wie: Pinsel, Zupfzange, Komedonenmesser, Dappengläser, Nierenschale, Wasser- und Abfallschale, Schere usw.
- Fußpflegekoffer mit Motor und Instrumentarium
- Beinstütze
- Behandlungsliege, stationär
- Behandlungshocker oder Stuhl
- Präparatewagen auf Rollen
- Lupenleuchte mit Halterung
- Verkaufsvitrinen
- Rezeption/Empfangstresen
- Kleine Warteecke mit Tisch und Stühlen
- Garderobe mit Spiegel und Schirmständer
- Hübsche Dekorationen: Bilder, Blumen, Lampen, Stoffe
- Handtücher, Decken
- Verkaufsware/Kabinettware = Produkte, die Sie selbst schätzen

7.5 Wirtschaftlichkeit / Kreditwürdigkeit

Rentabilitätsrechnung

Einnahmen – Beispiel:

Kosmetik	Zeitaufwand
1 Behandlung pro Tag..................65,– €	
macht in der Woche...................325,– €	ca. 2 Std. pro Behandlung
und sind im Monat...................1300,– €	
2 Behandlungen pro Tag............130,– €	
macht in der Woche ....650,– €	ca. 4 Std. pro Behandlung
und sind im Monat .... 2600,– €	

Fußpflege	
1 Behandlung pro Tag..................25,– €	ca. ½ Std. pro Behandlung
macht in der Woche...................125,– €	
und sind im Monat....................500,– €	
2 Behandlungen pro Tag.............50,– €	
macht in der Woche...................250,– €	ca. 1 Std. pro Behandlung
und sind im Monat..................1000,– €	

Nicht unerhebliche, zusätzliche Einnahmen können aus dem Produktverkauf erzielt werden.

Ausgaben

Zur Rentabilitätsrechnung gehören natürlich auch alle Investitionen und Ausgaben. Der Behandlungspreis sollte laut Verband so kalkuliert werden, dass Sie in der Minute mindestens 1 Euro erwirtschaften, das heißt 60 Euro die Stunde. Je nach Region! In München zum Beispiel geht man sogar von 2 Euro aus. Die Grundkosten pro Kosmetikbehandlung können Sie je nach Aufwand mit 5 bis 10 Euro berechnen. Der zusätzliche Verkauf von Produkten sollte, wenn Sie rentabel arbeiten, mindestens 40 Prozent Ihrer Einnahmen ausmachen.

Zu den regelmäßigen Ausgaben gehören:
- Miete
- Nebenkosten
- Telefon
- Werbekosten
- Auto
- Weiterbildung
- Bewirtungskosten
  Wäschekosten
- Kabinettware
- Evtl. Beratungskosten (zum Beispiel Steuerberater)
- Haftpflicht-, Renten-, Kranken-, Berufsunfähigkeitsversicherung

Achtung: Kalkulieren Sie die Einnahmen und Ausgaben realistisch!

Wichtig: Vergessen Sie nicht, dass Sie auch Steuern zahlen müssen. Als *Kleinunternehmer* müssen Sie keine Mehrwertsteuer zahlen, was sich für Ihre Preiskalkulation günstig auswirkt. Als Kleinunternehmer ist man unter einer bestimmten Umsatzgrenze, die Sie aber schnell überschritten haben sollten. Siehe dazu § 19 Abs. 1 Umsatzsteuergesetz. Wenn Sie diese Umsatzgrenze überschritten haben, werden Sie im nächsten Jahr umsatzsteuerpflichtig. Erkundigen Sie sich bei Ihrem Finanzamt. Umsatzsteuerpflichtig dürften Sie aber in jedem Fall sein.

Für das Finanzamt machen Sie eine einfache Gewinn-und-Verlust-Rechnung. Heben Sie vom Beginn Ihrer Ausbildung an alle Belege für Ihre Investitionen und Ausgaben auf, denn nur dann sind sie absetzbar.

7.6 Förderprogramme / günstige Darlehen

Sprechen Sie immer erst mit der Bank Ihres Vertrauens, aber bevor Sie sich festlegen und entscheiden, schauen Sie sich noch einmal um. Informieren Sie sich in jedem Fall bei verschiedenen Banken und holen Sie immer mehrere Angebote ein, so haben Sie die Möglichkeit, mit den Banken zu verhandeln. Schauen Sie auch auf die Beratungsqualität, ist man wirklich engagiert Ihnen ein gutes Angebot zu machen und informiert man Sie auch über ein ordentliches Förderprogramm? Fühlen Sie sich gut beraten und auch als Mensch gut behandelt? Der bessere und in diesem Fall günstigere Anbieter bekommt den Zuschlag.

7.7 Die richtige Preiskalkulation

a) Der gefühlte Preis
   Träumen Sie von der schönsten kosmetischen Behandlung, die Sie je hatten oder haben werden. Stellen Sie sich vor, der komplette Behandlungsablauf war absolut perfekt, der menschliche Umgang mit Ihrer Kosmetikerin war außergewöhnlich nett und angenehm und Sie fühlen sich sensationell nach der Behandlung, nahezu wie neugeboren. Sie sind total erholt und entspannt und weil Ihnen die Behandlung so gutgetan hat, nehmen Sie sich vor, sich regelmäßig alle vier bis sechs Wochen behandeln zu lassen. Was würden Sie für eine Behandlung bezahlen, die alles übertrifft, was Sie vorher erlebt haben?

Fühlen Sie genau hin, ob der Preis, den Sie jetzt aussprechen wollen, für Sie auch tatsächlich in Ordnung ist. Oder tut es Ihnen jedes Mal weh, diese Summe zu bezahlen?
Das, was Sie nun fühlen, empfinden Ihre Kunden ähnlich. Nehmen Sie sich Zeit. Letztendlich handelt es sich um den Preis, den Sie für Ihre Leistungen nehmen können, das ist Ihr Behandlungspreis. Diesen Preis können Sie, wenn Sie ihn einmal festgelegt haben, nicht mehr so schnell verändern. Preiserhöhungen werden vom Kunden nur selten kritiklos hingenommen, sie sollten jährlich vorgenommen werden, aber nicht höher sein als 2 bis 3 Euro. Sie können sich nun ausrechnen, wie lange Sie brauchen, wenn Sie 10 Euro mehr haben müssen, weil Ihre Kalkulation nicht aufgeht.

b) Die nüchterne Preiskalkulation
Die Preiskalkulation hängt natürlich auch noch von mehreren Faktoren ab, dazu gehören:
- das Preisniveau der Stadt, das Stadtviertel
- die Zielgruppe
- das Niveau Ihres Institutes
- die Qualität der Behandlungen
- die Qualität des Services und vor allem
- Ihre Persönlichkeit und Ihr Auftreten

Seien Sie ehrlich und schauen Sie noch einmal genau hin, ob Sie sich selbst mit dem Preis wohlfühlen? Dass Sie von Ihrer Dienstleistung und Qualität selbst voll überzeugt sind, setze ich nun voraus, denn das ist hier von grundlegender Bedeutung. Sind Sie selbst nicht überzeugt, so werden Sie unsicher sein, wenn Sie den Preis für Ihre Behandlung aussprechen. Auch Ihre Unsicherheit, die Unstimmigkeit und Ihren eigenen Konflikt mit dem Preis werden Sie unterschwellig kommunizieren. Ergebnis wird sein, Ihr Kunde empfindet den Preis als zu teuer.

7.8 Ihre Angebotspalette: Behandlungen und Produkte

Wie bestimmen Sie Ihre Angebote?
Meine Empfehlung: Gehen Sie voll und ganz auf die Bedürfnisse des Kunden ein und geben Sie Ihren Kunden die Möglichkeit, selbst zu wählen! Arbeiten Sie im *Baukastensystem*, nur so hat der Kunde die Chance, auch wirklich das zu bekommen, was er möchte.

Überfordern Sie Ihre Kunden nicht! Gestalten Sie Ihre »Speisekarte« klar und übersichtlich. Bringen Sie Flexibilität ins Spiel! 99,9 Prozent aller Kosmetikinstitute halten die Massage unter Verschluss, das heißt, die gibt es nur, wenn man alles bucht. Warum nicht einfach mal nur eine Gesichtsmassage, mit vorheriger Reinigung, versteht sich!

> Behandle jeden Menschen so, wie du selbst behandelt werden möchtest.« *(Konfuzius)*

Je mehr Sie loslassen, desto mehr werden Sie bekommen im Leben.

Wenn Sie alles gegeben haben und dann loslassen, das Ergebnis einfach entspannt auf sich zukommen lassen, werden Sie überrascht sein, was sich da tut.

Für welche Produkte entscheide ich mich?
An erster Stelle steht hier die Qualität des Produktes und dass Sie selbst total begeistert sind, sodass Sie es mit einem Lächeln und tiefer innerer Überzeugung anbieten können. Orientieren Sie sich am Beispiel

- Naturkosmetik
- Biokosmetik
- Meerwasser
- Aloe vera
- Wirkstoffkosmetik

und entscheiden Sie sich letztendlich für Ihr persönliches Lieblingsprodukt!

Kapitel 8

Ich weiß, was die Kunden erwarten und wünschen

8.1 Was erwarten Ihre Kunden von Ihrer Dienstleistung?

Was motiviert den Kunden, sich bei Ihnen behandeln zu lassen? Prinzipiell gilt: Ein Kunde kauft nicht die Eigenschaften eines Produktes oder einer Dienstleistung, sondern den Nutzen, den es für ihn bedeutet. Sie erfüllen sein Motiv. Das Motiv ist der Grund, warum er angerufen hat und in Ihr Institut gekommen ist.

Die Erwartungen des Kunden werden bestimmt durch:
- Versprechungen (Werbung, Broschüren, Internetauftritt etc.)
- Image (Auszeichnungen, Sterne etc.)
- Empfehlungen (Freunde, Fach- oder Presseartikel etc.)
- Preis (Preis-Leistungs-Verhältnis)
- Erfahrungen des Kunden mit vergleichbaren Produkten oder Dienstleistungen
- Persönliche Bedürfnisse

Wie gewinnen wir den Kunden?

- Emotional: durch Herz, Gefühl, Wertschätzung, Aufmerksamkeit, Hinwendung
- Rational: durch überzeugende Argumente, sehr gute Leistungen, Auszeichnungen, wissenschaftliche Forschung etc.

8.2 Was erwarten Ihre Kunden im emotionalen Bereich?

Die eigentliche Entscheidung erfolgt meist im emotionalen Bereich. Denken Sie einfach einmal daran, was Sie selbst erwarten, wenn Sie Kunde sind, sei es im Restaurant, im Supermarkt, beim Bäcker, beim Kauf Ihrer Bekleidung oder eines Autos. Genießen Sie es nicht auch, wenn Sie das Gefühl haben, dass Sie jetzt der wichtigste Kunde sind? Genießen Sie es nicht auch, wenn der Verkäufer sich Zeit für Sie nimmt und Interesse an Ihnen zeigt? Wir brauchen alle Wertschätzung und Anerkennung genauso wie unsere Kunden. Aber authentische Wertschätzung und keine falsche Schleimerei!

> »Wir sprechen zu unseren Kunden mit dem Verstand,
> doch wir überzeugen sie mit dem Herzen.«
> *(Chinesische Weisheit)*

Der Kunde wünscht sich
- das Gefühl, dass Sie überzeugt sind von dem, was Sie sagen,
- das Gefühl, dass er sich auf Sie verlassen kann,
- das Gefühl, dass Sie ehrlich sind,
- das Gefühl, verstanden zu werden.

Unsere Entscheidungen sind niemals objektiv. Seien Sie sich bewusst: Wenn der Kunde Sie emotional ablehnt, wird kaum eine Übereinstimmung im sachlichen Bereich möglich sein. Er wird durch die Brille der Ablehnung schauen und Ihre Argumente dementsprechend interpretieren. In diesem Fall können Sie den Kunden nicht von Ihren Leistungen überzeugen. Es wird Ihnen kaum gelingen, es ihm recht zu machen.

Ehrliches, echtes und authentisches Interesse am Kunden können nur Menschen haben, die sich selbst wertschätzen. Wer sich selbst wertschätzt, wird auch andere wertschätzen. Wer sich selbst nicht mag, wird andere nicht mögen. Oder: Was ich an mir nicht mag, werde ich auch an anderen Menschen ablehnen. Das Ergebnis wird letztlich sein: Wer sich selbst ablehnt, wird von den Kunden abgelehnt.

> »Der **edle Mensch** ist freundlich auch zu den Menschen,
> mit denen er nicht übereinstimmt.« *(Konfuzius)*

Der Verkäufer, der diese Ablehnung erfährt, wird aber die Schuld meist beim Kunden suchen, weil er den Mechanismus der Projektion bzw. Anziehung in den meisten Fällen nicht erkennt. Ihr Interesse zeigen Sie beispielsweise, indem Sie sich Zeit für den Kunden nehmen und ihm wirklich zuhören. Zuhören bedeutet, dem Kunden die volle Aufmerksamkeit zu schenken.

Wenn Sie Ihre stärksten natürlichen Eigenschaften kennen, ist es wichtig, gerade diese persönlichen Eigenschaften als Ihre ganz eigenen Erfolgsstrategien einzusetzen. Überlegen Sie auch, welche dieser Eigenschaften Sie bereits nutzen, und vor allem auch, welche Sie noch mehr einsetzen sollten.

Kapitel 9

Meine Dienstleistung und mein Institut sind spitze!

9.1 Schlüsselfragen

a) WAS erwarten Ihre Kunden?

- Was ist Ihr Ziel bei Behandlung / Beratung / Verkauf?
- Was erwarten Ihre Kunden bezüglich der Dienstleistung?
- Was sind die Erwartungen im emotionalen Bereich?
- Wie muss Ihre Qualität sein (Qualitätsstufen)?

b) WAS können Sie anbieten?

- Warum sollte der Kunde gerade mit Ihnen eine Geschäftsverbindung eingehen?
- Was genau ist Ihre Einzigartigkeit?
- Was ist der Nutzen für den Kunden?
- Welche Zielgruppe sprechen Sie an?

c) WIE sieht Ihr Angebot aus? Wie soll die Verpackung sein?

- Wie soll Ihre Praxis / Kabine / Ihr Geschäft aussehen?
- Wie stellen Sie sich das Ambiente vor?
- Wie sollte die Atmosphäre sein?
- Wie sollte Ihr Auftreten sein?
- Wie soll Ihre Preisliste aussehen?

9.2 Schlüsselfaktoren der Dienstleistung

Wenn Sie wissen wollen, wie Sie sich Ihren Kunden gegenüber verhalten sollen, dann versetzen Sie sich in die Situation des Kunden. Setzen Sie sich gedanklich einen Augenblick auf den Stuhl des Kunden und stellen Sie sich die zentrale Frage: Würden Sie gerne bei sich selbst Kunde sein?

Wenn Sie ein Kosmetikinstitut eröffnen wollen, so besuchen Sie mehrere Institute und lassen sich verwöhnen. Schauen Sie, was diese wirklich gut machen und was Sie sich anders oder besser vorstellen könnten. Das Beste übernehmen Sie oder machen es noch besser! Damit das Niveau auch erhalten bleibt, bitten Sie Ihre Kunden regelmäßig um ein ehrliches Feedback! Beobachten Sie den Markt. Wie heißt es so schön: Die Konkurrenz ist groß und schläft nicht. Verschlafen Sie bitte nicht, wie sich Ihre Mitbewerber weiterentwickeln, wie sich der Markt weiterentwickelt.

Wichtig: Orientieren Sie sich an den Besten oder noch besser; Seien Sie ihnen immer einen Schritt voraus!

Schlüsselfaktoren für unsere Dienstleistungen sind:
1. Vertrauenswürdigkeit (Integrität, Kompetenz, Souveränität, Verantwortung)
2. Verlässlichkeit (mindestens die versprochene Leistung, Zeitplan)
3. Maßgeschneiderter Nutzen des Produktes/der Dienstleistung

4. Service Delivery System, Qualität der Dienstleistung (Entgegenkommen, Einsatzwille, Flexibilität, Kreativität, Schnelligkeit)
5. Einfühlungsvermögen (Bereitschaft, auf die individuellen Wünsche der Kunden einzugehen)
6. Umfeld und Auftreten (Erscheinungsbild des Institutes, Räumlichkeiten, Einrichtung, Ihr Erscheinungsbild und das Ihrer Mitarbeiter)

Freundlichkeit, gepflegtes Auftreten und die Begrüßung der Kunden mit Namen sind Standardqualität. Wenn Sie anders sein wollen und einen bleibenden Eindruck bei Ihren Kunden hinterlassen wollen, dann müssen Sie sich auch etwas Besonderes einfallen lassen. Das muss nicht unbedingt mit hohen Kosten verbunden sein. Auch kleine Gefälligkeiten können überraschen und berühren das Herz!

> »Der erste Eindruck prägt – der letzte bleibt!«
> (*Altes Sprichwort*)

Tipp:
Schauen Sie sich Ihre täglichen Erfahrungen beim Einkaufen oder die als Gast in einem Restaurant oder Lokal an und Sie werden schnell und kostenlos herausfinden, wie Service sein sollte und was fatal ist und überhaupt nicht geht. Überprüfen Sie auch ehrlich, wie Sie selbst in Ihrer Rolle des Käufers / Gastes auftreten und wie Sie selbst in der Rolle des Verkäufers reagieren würden! Beobachten Sie nicht nur Ihr Verhalten, sondern auch Ihr Selbstgespräch und Ihre Emotionen.

9.3 Ihr Auftritt

Handeln Sie stets in dem Wissen: Der erste Eindruck prägt und der letzte bleibt!

Ihre Kunden entscheiden innerhalb der ersten Sekunden, ob Sie die richtige Fachfrau für sie sind oder ob sie sich besser noch weiter nach einer adäquaten Kosmetikerin umsehen. – Das heißt im Klartext, ob sie wieder zu Ihnen kommen oder nicht, hängt von Ihrem Verhalten ab. Der erste Eindruck ist entscheidend für das, was dann kommt. Entsteht beim Erstkontakt am Telefon Sympathie, haben Sie schon die besten Voraussetzungen für einen persönlichen Kontakt, doch jetzt gilt es, alles zu geben, und wenn dann die Behandlung perfekt läuft, haben Sie die Kundin gewonnen. Was nicht heißt, dass Sie sich jetzt Fehler erlauben dürfen, denn der letzte Eindruck bleibt, das heißt, auch die Verabschiedung muss stimmen. Rechnen Sie damit, dass die Kundin auf *alles* achtet und verhalten Sie sich dementsprechend.

In dem Augenblick, wo Ihre Kundin Ihr Geschäft betritt, sollte sie der wichtigste Mensch sein. Alles andere wird jetzt völlig unwichtig. Betritt sie das Geschäft, während Sie vielleicht noch mit einem Produkthersteller oder einer anderen Kundin telefonieren, so beenden Sie das Gespräch unmittelbar. Teilen Sie Ihrem Gesprächspartner ruhig mit, dass gerade Ihre Kundin zur Tür hereinkommt und dass Sie jetzt keine Zeit mehr haben, das Gespräch fortzusetzen. Falls nötig vereinbaren Sie noch kurz einen Termin für ein Folgegespräch. Dann kümmern Sie sich direkt um Ihre Kundin.

Empfangen Sie Ihre Kundin herzlich, sagen Sie ihr, dass Sie sich freuen, dass sie da ist, nehmen Sie ihr die Jacke ab und hängen Sie diese ordentlich auf! Erst jetzt begleiten Sie Ihre Kundin in die Kabine. Sie darf ruhig sehen, dass Sie auch mit ihrer Garderobe gut umgehen. Geben Sie Ihrer Kundin das Gefühl, dass sie etwas Besonderes ist und dass es Ihnen am Herzen liegt, dass sie sich bei Ihnen wohlfühlt, dass sie zufrieden ist und wiederkommt. Ganz wichtig, gehen Sie auf sie ein und beziehen Sie sich auf ihre Behandlungswünsche. Fragen Sie, was ihr wichtig ist, und gestalten Sie den Behandlungsplan dementsprechend für sie. Denn *nur ihre Wünsche* sind jetzt wichtig.

Bei der Behandlung muss einfach alles stimmen – darum vermitteln Sie Vertrauen, sodass Ihre Kundin sich traut, etwas zu sagen, wenn ihr etwas nicht guttut.

Vertrauen bauen Sie am besten bei dem Anamnesegespräch auf. Sie sollten Ihrer Kundin dabei gegenübersitzen und die Möglichkeit haben, ihr in die Augen zu schauen. Wenn Sie alle Punkte auf der Karteikarte mit ihr durchgesprochen haben, fragen Sie sie direkt, was für sie wichtig ist und worauf sie besonders großen Wert legt bei der Behandlung. Sagen Sie ihr, dass sie es immer sofort sagen darf, falls ihr mal etwas nicht gefallen sollte.

9.4 Das Ambiente, Farbgestaltung

Farben, Einrichtung und Accessoires müssen aufeinander abgestimmt sein und zusammenpassen. Bevor Sie beginnen, sollte also der Stil, die Grundrichtung gefunden werden, sodass das Institut keinen zusammengewürfelten Eindruck macht. Das wirkt schnell unruhig und billig.
Ist die Grundrichtung erst einmal festgelegt, so können die nach und nach dazukommenden Gegenstände leicht ergänzt und in das Gesamtbild eingefügt werden. Natürlich hängt der Stil auch mit den äußeren Gegebenheiten zusammen. In einem modernen oder futuristischen Neubau dürfte sich ein anderer Stil anbieten als in einem barocken Gebäude.

Für die Kosmetik empfehlen sich grundsätzlich *warme Farbtöne*. Herbstfarben wie: Goldtöne, Terrakotta, Beige, Braun oder Grün.
Für den Bereich Fußpflege können auch blaue und helle, freundliche Farbtöne (pastellig) passend sein. Vorsichtig sollten die Farben Rot, Pink und Lila eingesetzt werden, da sie einfach nicht jeder mag. Bei Grün und Blau muss man ebenfalls darauf achten, dass das Grün nicht »giftig« wirkt und das Blau nicht zu kühl.
In einem älteren Gebäude könnte der Eindruck mit besonderen Pastellfarben und für die verschnörkelten Stuckarbeiten ein wenig goldfarben, wie dies zum Beispiel auch im Barock auftaucht, harmonisiert werden. Dazu passt aber auch vereinzelt ein modernes Element wie zum Beispiel ein Acrylstuhl.
Die Pastellfarben könnten in einer weichen Wischtechnik

aufgetragen werden. Die besonderen Farben, die in jedem Behandlungsraum anders sein könnten, aber sich harmonisch in das Gesamtbild einfügen, werden ergänzt durch eine farblich dazu passende florale Ranke oder ein Bild (auf Leinwand ohne Rahmen zum Beispiel). Dies schafft eine Atmosphäre von Natürlichkeit, Freundlichkeit, Leichtigkeit. Und es bringt gleichzeitig etwas Individuelles, was eben nicht jeder hat. Allein schon durch die Gestaltung von Decken und Wänden findet eine Veränderung statt, die sehr stark den Stil und den Gesamteindruck prägt.

Die ruhigen Flächen und die vorhandenen, eher klinisch wirkenden Geräte werden durch schöne farbliche Accessoires aufgelockert und schaffen zusammen ein angenehmes Ambiente für Ihre Kunden. Er soll und wird auch das schöne Ambiente in Erinnerung behalten und sich vielleicht sogar inspiriert fühlen. Darum dürfen Sie auch ruhig mal wieder etwas verändern und neu dekorieren.

Da die Wandgestaltung (Farbauswahl, Farbenauftrag) häufig den Raum dominiert, ist es wichtig, zarte und schwingende Übergänge in den Farbkombinationen auf der Wand zu schaffen. Eine leichte Blüten- oder Pflanzenranke komplettiert den Eindruck.

9.5 Qualitätsstufen der Behandlungen

Die Qualität der Leistungen darf auf keinen Fall unter den Erwartungen liegen, die Sie mit Ihrer Werbung etc. versprechen. Schauen wir uns die vier Stufen der Qualität einmal an:

1. Erfüllung des Grundnutzens = Basisqualität
2. Erfüllung der Erwartung = Erwartungsqualität
3. Erfüllung des Erwünschten = Wunschqualität
4. Unerwartete Leistungen = Überraschungsqualität

Wenn Sie sich von Ihren Mitbewerbern und vom allgemeinen Marktangebot abheben wollen, genügt es nicht, Basis- oder Standardqualität abzuliefern, hier ist Wunsch- oder Überraschungsqualität an der Tagesordnung.

Aufgabe:
Nehmen Sie sich die Zeit, um für Ihr Geschäft oder Berufsfeld zu definieren:

1. Was ist Basisqualität usw.?
2. Was die Erwartungsqualität?
3. Was könnte Wunschqualität sein?
4. Und was die Überraschungsqualität?
5. Was bedeuten die vier Stufen für Ihr Berufsfeld?

Überlegen Sie sich nun:

1. Wie Ihr Service aussehen soll?
2. Was wollen Sie anders machen?
3. Welche Dienstleistungen bieten Sie an?
4. Welche Produkte haben Sie überzeugt, dass Sie sie anbieten?

Behandlung und Produktverkauf sind die beiden Säulen eines erfolgreichen Kosmetikinstituts

Nun werden Sie sich sicher fragen, welche der beiden Säulen die wichtigere ist. Lassen Sie uns genauer hinsehen. Wenden wir uns an die Produktvertreter und fragen diese, wie wir rentabel arbeiten, erhalten wir eine eindeutige Antwort: Gewinn machen Sie hauptsächlich mit den Produkten. Aber stimmt diese Aussage wirklich?

Eines ist klar, den meisten Gewinn machen mit Sicherheit die Firmen, die diese Produkte vertreiben. Und diese wollen Sie selbstverständlich als Verkäufer benutzen. Das ist kein Problem, solange auch Sie angemessen davon profitieren und nicht nur durch Knebelverträge an ein Produkt gebunden werden. Ihre Wahl sollte also gut überlegt sein. Entscheiden Sie sich für ein Produkt, von dem Sie selbst absolut überzeugt sind. Ein Produkt, mit dem Sie selbst gute Erfahrungen gemacht haben und von dem Sie schwärmen können. Aber auch der Produkthersteller, die Menschen also, die diese Firma präsentieren und mit der Sie es nun ständig zu tun haben, sollten zu Ihnen und Ihrer Unternehmensphilosophie passen.

Behalten Sie Ihr Ziel im Auge! Es ist Ihr Traum, endlich Ihr eigener Chef zu sein, selbstständig zu arbeiten, frei zu sein und eigenständig in allen Entscheidungen. Ihre Mission sollte sein, mit viel Spaß und Freude, aber auch unabhängig und selbstbestimmt ein Kosmetikinstitut zu führen, um mit dem, was Sie tun, einen großen Beitrag zu leisten.

Unsere Position ist eindeutig. Das Kerngeschäft ist die erfolgreiche Behandlung! Für eine erfolgreiche Behandlung brauchen wir brillante Behandlungskonzepte und dafür wiederum brauchen wir ausgezeichnete Produkte. Hat die Behandlung den Kunden nicht überzeugt, wird er auch keine Produkte bei Ihnen kaufen.

Fragen Sie sich doch einmal: Wovon hängt die Zufriedenheit des Kunden ab? Ja, genau da kommen viele Faktoren zusammen. Der Kunde muss sich in Ihren Händen und mit Ihrer Behandlung rundherum wohlgefühlt haben. Vertrauen entsteht nicht nur durch Service und Leistungen, die stimmen. Wir wissen, wie wichtig auch menschliche Werte sind und wie entscheidend unser Verhalten ist. Vertraut der Kunde Ihnen, wird er auch Ihrer Beratung und Ihrer Produktempfehlung vertrauen.

Was erreichen Sie mit einer außergewöhnlich guten Behandlung?

Wenn Sie dem Kunden bei einem Problem geholfen haben oder er sich bei Ihnen ganzheitlich wohlgefühlt hat, bauen Sie dadurch nicht nur Vertrauen, sondern auch eine enge Beziehung auf.

Schauen Sie auf Ihre eigene Erfahrung: Wenn Sie einen Frisör gefunden haben, der Ihre Haare genau so schneidet, wie es Ihrem Typ entspricht und wie Sie es sich wünschen, werden Sie den Frisör so schnell nicht mehr wechseln. Ich bin einer Frisörin treu geblieben, obwohl sie mehrfach ihren Arbeitgeber und sogar die Stadt wechselte. Mein Lieblingsgel hätte ich mir auch bei einem anderen Frisör kaufen können, nicht aber die Qualität und den Service dieser Fachfrau. Frisörinnen geben uns ein vorbildliches Beispiel für langjährige Kundenbeziehungen.

Analog verhält es sich in unserer Branche.
Häufig werden Kosmetikinstitute durch die Bindung an bestimmte Produkte eingeschränkt. Das mag im Sinne der Produkthersteller sein, aber nicht unbedingt in Ihrem Sinne. Natürlich werden die Produkthersteller Ihnen suggerieren wollen, dass Sie einen wirklich interessanten Gewinn hauptsächlich durch den Produktverkauf erzielen können.
Sehr fraglich wird das Vorgehen, wenn man den Existenzgründern ein Lager von Produkten aufschwatzt, weil man ja mit den Produkten das große Geld macht. Dies kann gerade in der Anfangsphase zu einer echten finanziellen Belastung werden.
Meine Empfehlung: Legen Sie Ihren Schwerpunkt auf eine hochqualitative Behandlung, und wenn es sich langfristig so entwickeln sollte, dass Sie mit den Produkten sogar mehr Umsatz und Gewinn machen, dann vergessen Sie nicht, dass die Basis Ihre ausgezeichnete und gründliche Behandlung war!
Ich empfehle Ihnen, sich nicht durch ein Produkt beziehungsweise durch einen Hersteller einschränken zu lassen. Es ist immer besser, mit mehr als einer Firma zu arbeiten und das Angebot so zu gestalten, dass sich möglichst alle Kunden angesprochen fühlen und deren Bedürfnisse und Vorlieben bedient werden können. Bedenken Sie, der Kunde muss sich mit dem Produkt wohlfühlen und er trifft die Wahl. Es ist also absolut wichtig, diese Wünsche ernst zu nehmen. Reagieren Sie sofort, wenn Sie mehrfach nach einer bestimmten Marke

gefragt werden – bevor das ein anderer Mitbewerber tut. Haben Sie nur einen Hersteller im Regal, so müssen Sie dem Kunden zwangsweise dieses eine Produkt »andrehen«. Steht er aber auf ein anderes Produkt, verlieren Sie ihn früher oder später als Kunden. Es ist also ratsam, gleich nach dem Start mit Ihrer Lieblingsfirma und Ihren Lieblingsprodukten eine Kundenumfrage zu machen, um herauszufinden, welche Produkte Ihre Kunden lieben. Nur so können Sie die richtige Wahl treffen, wenn Sie sich für weitere Depots entscheiden. Jeder Produkthersteller wird vermutlich damit werben, dass er das beste Produkt auf dem Markt anbietet und dass Sie durch die Exklusivität einen Wettbewerbsvorteil hätten. Dem ist jedoch entgegenzuhalten, dass es heute eine Reihe von hochwertigen Produkten gibt, die sich in nichts nachstehen, die aber für verschiedene Menschen und bestimmte Hauttypen unterschiedlich passen. Wenn jemand »Naturkosmetik« schätzt, suchen wir ihm das passende Produkt aus dem Angebot eines Naturkosmetikherstellers. Mag der Kunde Biokosmetik, bekommt er ein Produkt aus dieser Palette. Möchte Ihre Kundin direkte Ergebnisse sehen (Hautstraffung), konnen Sie sie wahrscheinlich nur mit Wirkstoffkosmetik überzeugen. Wenn ein anderer Kunde auf »Aloe vera« steht, soll er die passende Aloe-Creme bekommen. Vielleicht können wir aber auch aus unserer Erfahrung heraus ein »Meerwasserprodukt« empfehlen, das für ein bestimmtes Hautproblem viel besser passt. Sie sehen, wie wichtig es ist, dass Sie selbst auch Anwenderin sind und wissen, wovon Sie sprechen. Es ist viel ehrlicher zu sagen, das hat mir persönlich in diesem speziellen Fall sehr geholfen, als einfach nur irgendein Produkt zu verkaufen.

9.6 Preisgestaltung

Die Preisgestaltung ist das Ergebnis mehrerer Faktoren. Sie hängt ab:

a) von Ihrer Einstellung

b) von der Qualität Ihrer Dienstleistung

c) von Ihrem Auftreten und Selbstbewusstsein

d) vom Niveau Ihres Ambientes und vor allem auch

e) von der Gegend

f) von der Klientel / Zielgruppe

Kapitel 10

Was können Sie geben?

Wenn Sie wissen, was Sie (geben) können und was der Kunde braucht, müssen Sie einen Weg finden, dem Kunden zu zeigen, was Sie können. Kostproben, wie zum Beispiel kostenlose Anwendungen, sind hier eine sehr effektive Methode. In den Anfangszeiten sind Sie noch nicht gleich ausgebucht, Sie haben noch viel freie Zeit und könnten kostenlose Gutscheine an ausgewählte nette Menschen verschenken, die Ihre Kunden werden sollen. Erst wenn der Kunde weiß, was in Ihnen steckt, hat er ein Motiv, zu Ihnen zu kommen. Begeisterte Kunden sind ein Multiplikator, sie werben für Sie.

10.1 Wertemarketing

Firmen, die von Werten geleitet sind, stellen heute, zumindest wenn wir uns die praktische Umsetzung im Marketing, Verkauf oder in der Dienstleistung ansehen, immer noch eine Minorität dar. Vielleicht, weil man das riesige Motivationspotenzial – und zwar aufseiten der Verkäufer und des Kunden – noch nicht genügend erkannt hat. Häufig ist es nur der Druck der Konsumenten, der zu einer besseren Qualität der Dienstleistungen oder Produkte geführt hat. Es waren in vielen Fällen nicht die Ärzte, die eine neue Medizin anboten, sondern die Patienten, die nach natürlichen Heilverfahren wie etwa Neuraltherapie oder Akupunktur verlangten.

Viele Unternehmen haben ihr Ohr am Puls der Zeit. Aber nur ihr Ohr, nicht ihr Herz. Sie versuchen die öffentliche Meinung und das Konsumverhalten zu antizipieren. Für diese Art Unternehmen zählen nicht die Werte, Werte sind hier lediglich Mittel zum Zweck, um das Image zu verbessern und die Verkaufszahlen zu erhöhen.

> »Das Unternehmen unserer Zeit ist von Werten geleitet. Es will Lebensqualität geben und im Einklang mit Menschlichkeit operieren.«

Wenn heute in Supermärkten und Drogerieketten mehr und mehr biologische Nahrungsmittel auftauchen, so freuen wir uns als Endverbraucher und können diesen Trend nur begrüßen. Doch tiefer betrachtet geht es hier nicht um Gesundheit oder das allgemeine Wohl, die Unternehmer sind nicht von Werten angetrieben, hier ist das Hauptmotiv, Umsatz zu machen.

Anita Roddick, die Gründerin der »The Body Shop«-Kette, brachte dies zum Ausdruck:

> *»Viele Handelsunternehmen kämpfen, um auf den Zug aufzuspringen, und proklamieren laut ihre brandneuen Produkte und Richtlinien. Ich wäre glücklicher darüber, wenn ich annehmen könnte, dass sie durch eine wirkliche Sorge für die Umwelt motiviert wären. Der Body Shop ist ein einfacher Ausdruck unserer zentralen Werte und Anschauungen, Werte, die permanent durch unsere Kunden und Personal überwacht werden.«*
> (Anita Roddick: Body and Soul. New York. Crown, 1991.)

Diese Grundhaltung sollte sich nicht nur in der Unternehmensphilosophie und in den Unternehmensleitbildern ausdrücken, in Festansprachen zu Firmenjubiläen beschworen und in schönen Hochglanzbroschüren verewigt werden, sondern muss sich in der Personalentwicklung, im Management (Development), in Zielvereinbarungen etc. wiederfinden und alle Bereiche wie Forschung, Produktentwicklung, Produktion, Marketing und Verkauf durchdringen sowie in der Qualität der täglichen Arbeit und der Dienstleistungen seine Umsetzung finden.

Werte müssen vermittelt, integriert und gelebt werden.

Eine Vorbildfunktion hat hier ganz natürlich die Unternehmensleitung, aber auch die Führungskräfte. Die gelebte Grundhaltung spiegelt sich im Geist des Hauses oder der sogenannten guten Seele. Sie prägt die innere Kultur eines Unternehmens, den Führungsstil und den Umgang der Mitarbeiter untereinander; sie bestimmt die Qualität der Produkte und Dienstleistungen, die Zufriedenheit der Kunden und die Wirkung des Unternehmens nach außen. An diesen Kriterien können Werte gemessen werden.

10.2 Welchen Wert geben Sie?

Überlegen Sie: Welche Werte setzen Sie ein?

Wohlbefinden, Gesundheit, Schönheit, Regeneration, Ruhe, Entspannung, Geborgenheit, Lebensfreude, Ausstrahlung ...

All das wird den *Selbstwert* der Person erhöhen und zu einer gesteigerten *Lebensqualität* beitragen. Dies wird sich dann auf alle Lebensbereiche auswirken, auch auf die Partnerschaft und den Beruf.

Was können Sie geben?

Fachkompetenz, eine professionelle und hochqualitative Behandlung, traumhaftes Wohlfühlambiente, schöne Atmosphäre, Zuwendung, Aufmerksamkeit, Zuhören, Verbundenheit, Freude, Begeisterung, Liebe zum Detail, Leidenschaft und Hingabe an den Beruf ...

Auch durch Ihre Haltung können Sie Vorbild sein, zu einem lohnenswerteren Zusammenleben beitragen und anziehend sein. Das sind Eigenschaften wie Authentizität, Ehrlichkeit, Vertrauen, Integrität, Zuverlässigkeit, Verantwortung und Toleranz. Durch Ihr Verhalten inspirieren Sie andere.

| Altes Unternehmen | Neues Unternehmen |

Marketing

Am Profit orientiert	Am Kundennutzen orientiert
Produkt, Preis, Ort	Beziehungsnetzwerk
Im Vordergrund:	Im Vordergrund:
Massenprodukte	Produkte für Zielgruppen
Produkte	Werte
Marketing ist Aufgabe der Marketingabteilung	Marketing ist Aufgabe aller
Konkurrenz	Zusammenarbeit

Kapitel 11

Zufrieden ist nicht genug ...

11.1 Kunden, die von Ihnen schwärmen

Wenn die Kunden von Ihnen schwärmen, haben Sie es geschafft, denn sie werden zu Ihrem Werbeträger. Wenn die Kundin nach der Behandlung zu ihrer Freundin sagt: »*Da musst du unbedingt mal hin*«, dann haben Sie eine neue Kundin gewonnen. Überlegen Sie, ob und über wen Sie so geschwärmt haben. Was haben diese Menschen oder diese Firma anders oder besser gemacht? Warum waren Sie so beeindruckt?

11.2 Von der Standardqualität zur Überraschungsqualität

Denken Sie einmal daran, was Sie antworten, wenn Sie von Ihren Freunden nach dem Urlaub gefragt werden: Und wie war euer Hotel? Je nachdem werden Sie sagen:
- ➠ »Na ja, war nix Besonderes«   = Basisqualität
- ➠ »War in Ordnung«   = Erwartungsqualität
- ➠ »Hat mir sehr gut gefallen«   = Wunschqualität
- ➠ »Da musst du unbedingt mal hin« = Überraschungsqualität

Unsere Leistung sollte sich immer in den beiden letzteren Bereichen befinden.

Dabei muss es nicht teuer sein, unseren Kunden zu überraschen. Es sind viele Kleinigkeiten, die Sie kreativ anders machen können. Dabei können Sie sich Anregungen aus anderen Dienstleistungsbranchen holen. So können Sie Spuren hinterlassen und sich Ihrem Kunden unvergesslich machen.

11.3 Aufbau eines attraktiven Images

Ihre Selbstdarstellung bildet Ihr *Image*, das allerdings durch die Praxis bestätigt werden muss.
Image ist das Ergebnis von Persönlichkeit, Fachkompetenz, der Qualität der Produkte und Dienstleistungen und des Nutzens für den Kunden. Wichtig ist, dass Sie Ihr Image verkörpern – in allen Aspekten.
Leider wird das Natürlichsein nicht sehr gefördert und viele Trainings zielen genau in die entgegengesetzte Richtung. In dem Film »The Sixth Sense« fragt der Schauspieler *Bruce Willis* sein inneres Kind, ob es verstanden hat, was sein Beruf ist, und das Kind antwortet: *»Du zeigst den Menschen, wie sie sich am besten verstellen können.«* So sollte es nicht sein! Ihr Image sollte das natürliche Ergebnis Ihres natürlichen Verhaltens sein und auch wirklich zu Ihrer Persönlichkeit passen.

Denken Sie daran, dass Ihr Image ein Gesamtergebnis aus vielen Faktoren ist. Auch Ihre Mitarbeiter tragen ganz wesentlich zu Ihrem Image bei.

11.4 Ihre Präsentation

Wie muss unsere Präsentation aussehen?

Unsere Präsentation sollte Aufmerksamkeit erregen und für unsere Zielgruppe anziehend sein. Das heißt, wenn Sie ein einfaches bis mittleres Kundenklientel ansprechen, darf Ihr Infomaterial, wie Flyer und Visitenkarten nicht den Eindruck erwecken, nur für Superreiche zu sein. Andererseits sollte Ihr Werbematerial aber auch nicht billig aussehen, da Sie sonst lediglich Leute ansprechen, die sich eine Kosmetikbehandlung nicht regelmäßig leisten können. Bedenken Sie, dass Ihr Infomaterial und Ihr Internetauftritt Ihre Visitenkarte nach außen ist. Ich habe es in der Vergangenheit häufig erlebt, dass die Präsentation nach außen weit unter dem Niveau der Behandlung oder auch des Instituts lag. Auch unter dem Aspekt, dass man in der Aufbauphase möglicherweise mit seinem Budget zurechtkommen muss, ist zu überlegen, ob wir hier nicht an der falschen Stelle sparen?

11.5 Das Präsentations- bzw. Werbematerial

Ihr Infomaterial wie:
- Flyer
- Preislisten
- Visitenkarten
- Internetauftritt
- Auto- und Schaufensterbeschriftungen

sollte professionell gestaltet sein. Dieses Investment zahlt sich aus! Mit der Qualität Ihrer Unterlagen sagen Sie schon mehr über sich selbst und die Qualität Ihrer Arbeit aus, als Sie es sich jetzt vielleicht vorstellen können. Mit Ihrem Werbematerial bestimmen Sie Ihre Kundenklientel. Ein weiterer sehr wichtiger Punkt für eine erfolgreiche Kundengewinnung ist es, die Inhalte Ihrer Werbung nicht zu überladen. Hier ist weniger oftmals mehr. Wir leben in einer Welt, die von Informationen geradezu überflutet wird. Die Frage ist also, wie kann ich meinen Flyer gestalten, dass er nicht sofort in den Papierkorb wandert? Welche Inhalte sollte mein Informationsmaterial haben? Wie der Name schon sagt: Es sollte *informieren, Bedürfnisse wecken* und darüber hinaus zum Besuch bzw. Kauf *inspirieren*.

Ihr Flyer sollte beinhalten:
a) Vorstellung des Instituts / Ihrer Person und der Mitarbeiter – mit Foto
b) Ihre Philosophie oder Mission – teilen Sie den Nutzen mit
c) Andersartigkeit vermitteln – Kosmetik völlig neu erleben
d) Hinweise auf die Qualität Ihrer Behandlungen und Produkte
e) Die Angebote / Behandlungspreisliste

Kommunizieren Sie vor allem den Nutzen! Sie verkaufen nicht, was es ist, sondern was es tut! Und das sollte der Kunde bereits beim Lesen fühlen. Versuchen Sie sich nur für einen Moment auf den Stuhl des Kunden zu setzen und versetzen Sie sich in seine Lage. Warum kommt er/sie zu Ihnen? Was wünscht er/sie sich?

Das Geheimnis für ganzheitlichen Erfolg: sich für einen Moment auf den Stuhl des Anderen zu setzen, die Welt mit seinen Augen zu betrachten und seinen Standpunkt zu verstehen!

Vor allem das Angebot kann man durch eine bildhafte Sprache und originelle Wortschöpfungen emotional aufladen. Lassen Sie sich von Mitbewerbern inspirieren, aber aufgepasst, abschreiben und klauen ist einfach, darauf kann niemand stolz sein! Entwickeln Sie Ihre eigenen Ideen und werden Sie selbst kreativ. Erarbeiten Sie Ihr persönliches, eigenes Konzept. Nur wenn Sie etwas Eigenes kreieren, können Sie sich auch wirklich damit identifizieren. Sie werden sich freuen und stolz auf sich sein. Beginnen Sie mit der Institutsbezeichnung. Finden Sie einen Namen, mit dem Sie sich identifizieren, der zu Ihnen passt und den kein anderer hat. Eine Firmenbezeichnung, die jeder versteht und die Ihnen auch in 30 Jahren noch gefällt. Bedenken Sie, dass Sie schon mit der Institutsbezeichnung Ihre Kunden aussuchen.

Wenn Sie Ihren Flyer gestalten und ihn mit Inhalt füllen, geben Sie unbedingt auch Ihren Behandlungen Namen. Wie zum Beispiel: Magic Moments – Zauber der Sinne – Sternenstunde – Tausendundeine Nacht – Kleopatrabehandlung usw. Die Speisekarte gehobener Restaurants ist oft ein gutes Vorbild und sehr inspirierend.

Nicht zu unterschätzen ist die *optische Gestaltung* des Flyers. Die Auswahl der Farben und Bilder sowie *eine gute Auflösung der Bilder bestimmen die Qualität.* Bei manchen an und für sich gelungenen Flyern macht ein schlechtes Bild den ganzen Eindruck zunichte.

In der Marketingpsychologie heißt es, dass »Gesichter« die meiste Aufmerksamkeit bekommen.

Noch einmal: Betonen Sie vor allem den Nutzen, denn das ist es, was der Kunde letztlich kauft.

11.6 Das Marketing – die Positionierung im Markt

Machen Sie aus Ihrer Einzigartigkeit einen wertvollen Wettbewerbsvorteil, der Ihnen hilft sich am Markt zu etablieren. Es ist wichtig, zu zeigen, wodurch Sie sich von den Mitbewerbern unterscheiden und was genau Ihre Andersartigkeit ausmacht. Die Selbstdarstellung und das Eigenmarketing müssen mit der Zielgruppe übereinstimmen. Auch hier gilt, Sie sollten sich deutlich von anderen absetzen. Ob Sie sich im höheren Preissegment positionieren oder im mittleren, hängt – wie wir schon gesehen haben – von mehreren Faktoren ab, vor allem aber von Ihrem Niveau und dem Niveau Ihres Marktumfeldes.

Machen wir uns bewusst:
Marketing bedeutet Vertrauen schaffen.
Marketing bedeutet Gemeinsamkeit schaffen.
Marketing bedeutet mit der Interessengruppe verschmelzen.

11.7 Mit Schwung starten

Gut begonnen, halb gewonnen, sagt ein Sprichwort. Wenn Sie Ihr Kosmetikinstitut eröffnen, ist es wichtig, dass die Startphase gleich von Beginn an das richtige Momentum erhält und nicht zu einer unnötigen Durststrecke wird. Durststrecken sind Energieräuber und äußerst demotivierend. Was also können Sie tun, um einen guten Start hinzubekommen, und wie bekommen Sie möglichst schnell einen soliden Kundenstamm auf die Beine, auf den Sie dann weiter aufbauen können?

Der Start sollte nicht überbewertet werden, aber eine gelungene Einführung gibt der Unternehmung einen guten Schwung und ist eine super Motivation für Sie selbst. Nutzen Sie dazu Ihr bereits bestehendes Netzwerk von Familie, Freunden und Bekannten. Aber machen Sie jetzt nicht den Fehler, sich nur auf andere zu verlassen. Nicht die Familie und Ihre Freunde bringen Ihnen die Einnahmen, die Sie brauchen, Sie selbst schreiben das Drehbuch und tragen die volle Verantwortung. Um Ihre Kosten zu bedienen und von dem, was übrig bleibt, leben zu können, brauchen Sie je nach Größenordnung des Institutes drei bis sechs Kosmetikkunden pro Tag. Dazu kommt der Verkauf, der eine nicht unerheblich stützende Säule darstellt. Sie müssen immer weitermachen und dürfen niemals damit aufhören, Kunden zu gewinnen, denn Freunde und Verwandte gehören in der Regel nicht zu den potenziellen Kunden. Lediglich die Eröffnung Ihres Instituts darf ein *Motivationstreffen* für Ihre Freunde und Bekannten sein. Lenken Sie Ihre Aufmerksamkeit auf echte Kosmetikfans und die, die's noch werden wollen. Noch bevor Sie Ihr Institut eröffnen, können Sie durch kostenlose Behandlungen im Bekannten- und Freundeskreis für totale Begeisterung sorgen. So erreichen Sie, dass man über Sie spricht und Sie weiterempfiehlt. Mundpropaganda kostet nichts und ist am effektivsten. Schon ein einziger Kunde, der von Ihrer Arbeit schwärmt, bringt viele Neukunden.

Ihr Motiv sollte sein, Ihre Kunden vom ersten Moment an so zu verzaubern, dass sie süchtig nach Ihren Behandlungen werden. Also geben Sie alles und denken Sie immer daran, der erste Eindruck prägt und der letzte bleibt. Ihr Behandlungsprogramm muss, vom ersten bis zum letzten Handgriff, überzeugen. Sie haben oft nur eine Chance, die Sie nicht vertun sollten. Deshalb möchte ich Sie gern unterstützen und Ihnen helfen, dass Sie optimal starten und kein unnötiges Lehrgeld zahlen müssen. Setzen Sie von Anfang an auf Qualität und schauen Sie gleich von Beginn an, wo Sie besonders gut sein können, wie Sie sich von Ihren Mitbewerberinnen abheben und einen besonderen Eindruck hinterlassen.

Ein Eröffnungsevent gibt auch die Gelegenheit, sich bei der Presse vorzustellen. In kleineren Orten wird vermutlich auch der Bürgermeister kommen und Ihren Start aufwerten. Möglicherweise können Sie das Startevent gleich mit Kooperationspartnern organisieren. Das macht Eindruck und ist ein Multiplikator, weil auch Ihre Kooperationspartner für Sie werben werden.

11.8 Praxisführung

Zu einer ordentlichen Praxis gehört eine ordentliche Datenbank oder eine klare Datei, die Sie von Beginn an anlegen. Halten Sie auch persönliche Dinge fest, so geben Sie dem Kunden noch einmal das Gefühl, dass er Ihnen wichtig ist. Kunden lieben es, wenn man aufmerksam ist. Doch nur indem Sie besondere Ereignisse und Informationen über Ihre Kunden aufschreiben, behalten Sie ein Bild und erinnern sich optimal an sie. Daten müssen täglich gepflegt werden. Das Beste ist, Sie tun das immer direkt mit und nach jedem Kunden.

Achten Sie bei der gesamten Praxisführung darauf, dass die Abläufe sinnvoll und ökonomisch sind. Sorgen Sie für Struktur am Arbeitsplatz und arrangieren Sie Ihren Ablauf so, dass Sie die Behandlungen fließend gestalten können – ohne Unterbrechungen.

Machen Sie einen monatlichen Selbstreport:
- Was habe ich erreicht?
- Habe ich meine Ziele erreicht?
- Was will ich in Zukunft anders machen?
- Was sind meine neuen Ziele?
- Was muss ich dafür tun?
- Bis wann möchte ich diese erreichen?

11.9 Auswahl der Mitarbeiter/innen

Bei der Auswahl Ihrer Mitarbeiter/innen ist es gut, daran zu denken, dass sie Ihr Institut und Sie selbst repräsentieren. Es sind mehrere Kriterien, die zusammen ein Bild ergeben. Dazu gehört das Auftreten, die Optik, das Verhalten, die Sprache und vor allem die Einstellung und Motivation. Ganz wichtig ist: Kann sie mit Menschen umgehen, ist sie teamfähig, können Sie mit ihr zusammenarbeiten? Und liebt sie ihren Beruf?

Entscheidend ist, dass die **Einstellung** stimmt!

Anforderungsprofil

Beschreiben Sie, was Sie von Ihren Mitarbeitern und Mitarbeiterinnen erwarten:
- Das Vorstellungsgespräch ist ihre Präsentation. Schauen Sie, wie sie sich »verkauft«, wie sie auftritt, wie sie spricht, wie sie sich präsentiert.
- Wie ist ihr Verhandlungsgeschick? (Abschluss?) Wie reagiert sie auf Ihre Fragen / Einwände? Ist sie kommunikativ? Ist sie extrovertiert oder introvertiert?
- Macht sie einen ehrlichen Eindruck auf Sie? Fordern Sie sie heraus und fragen Sie nach ihrer Einstellung und Meinung. Wie reagiert sie? Widerspricht sie sich? Redet sie sich um Kopf und Kragen?
- Hat sie Interesse an dem Produkt, das sie für Sie anbietet und verkauft? Welche Beziehung hat sie zu ihrer Aufgabe?
- Identifikation mit dem Produkt/der Dienstleistung/ Firma?

- Würden Sie sich selbst von ihr behandeln lassen?
- Wären Sie als Kundin von ihr begeistert?
- Kann sie Ihre Visitenkarte sein (Authentizität, Integrität, Freundlichkeit, Auftreten, Manieren, Natürlichkeit, Optik)?
- Passt sie zu Ihrer Zielgruppe?
- Passt sie in Ihr Team?
- Was genau muss sie können?
- Was kann sie?
- Was ist ihre Aufgabe?

Eigenschaften

Welche Eigenschaften muss Ihre Mitarbeiterin haben?
- Hat sie ein freundliches und sicheres Auftreten?
- Wie ist ihre äußere Erscheinung?
- Ist sie natürlich?
- Ist sie charismatisch?
- Besitzt sie Souveränität?
- Ist sie loyal?
- Erweckt sie Vertrauen?
- Ist sie kommunikativ?
- Ist sie begeisterungsfähig?
- Hat sie eine positive Einstellung?
- Will sie erfolgreich sein?
- Hat sie Überzeugungskraft?
- Ist sie flexibel?
- Ist sie kritikfähig?
- Kann sie mit anderen zusammenarbeiten?

Ihre fachliche Qualifikation ist ihr Handwerkszeug. Ein besonders gravierender Punkt ist jedoch ihre Einstellung und Motivation. Testen Sie Ihre Bewerberin und laden Sie sie zu einer Arbeitsprobe ein! Lassen Sie sich behandeln. Nur so erfahren Sie, was sie kann. Folgende Punkte können Ihnen eine Hilfe sein, um Ihren Eindruck von der künftigen Mitarbeiterin zu überprüfen. Lassen Sie sie über ihre bisherige Tätigkeit, Firma etc. erzählen. Das zeigt, wie sie über andere spricht, und sagt viel über sie selbst aus. Sie erfahren mehr über ihre Tätigkeitsschwerpunkte und was sie besonders gern tut. Stellen Sie ihr nun folgende Fragen:

- Wie kamen Sie auf die Idee, sich diesen wunderschönen Beruf auszusuchen?
- Was genau hat Sie angesprochen, als Sie unser Stellenangebot sahen?
- Warum möchten Sie ausgerechnet diese Anstellung bei mir/uns?
- Was können Sie Positives in dieses Unternehmen einbringen?
- Was wäre das Gute, wenn ich mich für Sie entscheide?
- Was tun Sie besonders gern, was sind Ihre Stärken?
- Bitte verraten Sie mir Ihre Schwächen!
- Was ist für Sie Loyalität?
- Was könnten Sie beitragen, um unsere Umsätze zu verbessern?
- Was sind Ihre beruflichen Ziele für die nächsten fünf Jahre?
- Was ist Ihr Traum – was möchten Sie erreichen?
- Was ist Ihnen wichtig, um sich am Arbeitsplatz wohlzufühlen?
- Wie bauen Sie eine gute Beziehung zum Kunden auf?

- Was ist Ihnen allgemein in Beziehungen wichtig?
- Was sind Sie bereit zu geben, um eine langfristige Stellung zu bekommen?

Kapitel 12

Wie Sie Kunden gewinnen

12.1 Die besten Wege der Kundengewinnung

Um neue Kunden zu gewinnen, ist es hilfreich, den folgenden Fragenkatalog abzuarbeiten:

a) Wer ist Ihre Zielgruppe?
- Welche Zielgruppe ist für Sie besonders interessant?
- Was sind die Bedürfnisse dieser Zielgruppe?
- Wie können Sie die Zielgruppe erweitern?

b) Wie muss Ihre Präsentation aussehen?
- Wie können Sie Aufmerksamkeit erregen?
- Wie soll Ihre persönliche Präsentation nach außen aussehen?
- Wie soll Ihr Werbematerial aussehen?
- Welche Bedürfnisse wollen Sie wecken?
- Welche Botschaft wollen Sie Ihren Kunden vermitteln?
- Welche Nachfragen können Sie bedienen?
- Wie wollen Sie den Kunden ansprechen?
- Wie möchten Sie Ihre Leistungen / Services beschreiben?
- Was macht Ihre Einzigartigkeit aus? Welche Leistungen?
- Wie gewinnen Sie Ihre Kunden (emotional – rational)?

c) ***Was sind die besten Wege zur Gewinnung von Neukunden?***
- Wie können Sie ein attraktives Image aufbauen?
- Wie können Sie echte Beziehungen aufbauen?
- Wie bringen Sie Qualität in die Beziehung?
- Wie können Sie Vertrauen schaffen?
- Wie machen Sie es dem Kunden leicht, über Ihre Schwelle zu treten?
- Wie halten Sie den Kunden?
- Was sind die besten Vertriebswege?
- Wie können Sie Netzwerke schaffen?
- Wie finden Sie Kooperationspartner?
- Welche Kooperationspartner passen zu Ihnen?

d) ***Wie bekommen wir Empfehlungen?***
- Beste Werbung ist Mund-zu-Mund-Propaganda!
- Wann wirbt Ihr Kunde für Sie?
- Was bekommt der Kunde für eine Empfehlung?
- Wie muss Ihre Behandlungsqualität sein?

e) ***Werbemaßnahmen / Medien***
- Wie sehen Ihre Werbekampagnen aus?
- Haben Sie ein pfiffiges Werbekonzept?
- Welche Medien nutzen Sie? (Zeitung, Wurfsendungen, Internet)
- Direktwerbung! Flyer / Visitenkarte immer dabei!
- Wie sieht Ihre Pressearbeit aus?
- Welche Aktionen führen Sie durch?
- Gibt es Möglichkeiten, Passanten anzuziehen?

12.2 Netzwerke schaffen

Denke immer daran:
Du baust dir nicht ein Geschäft auf,
sondern du baust dir Beziehungen zu Menschen auf
und diese bauen dein Geschäft auf.

Alles im Leben entwickelt sich über Beziehungen. Beziehungsmanagement basiert auf dem Grundsatz, dass jede Kommunikation, jedes Geschäft eine Beziehung von Menschen ist und dass prinzipiell die gleichen Gesetzmäßigkeiten im Berufsleben gelten wie im Privatleben. Das heißt, Empfehlungen bekommen Sie nur, wenn die Beziehung stimmt.

Ein schwedischer Professor, *Evert Gummesson*, von der *School of Business* der *Stockholm University*, der sich viel mit dem Thema Beziehungsmanagement beschäftigt, erzählte einmal, dass er schon mehrere Male zu Vorträgen nach Neapel eingeladen wurde. *»Das ist für mich deshalb so erstaunlich«*, so sagte er, *»weil dort Beziehungsmanagement ohnehin zum ganz normalen Geschäfts- und Managementalltag gehört.«*

Das Schaffen und Aufrechterhalten eines Netzwerks von Beziehungen ist das Herzstück wirtschaftlichen Handelns.

> »Die Qualität der Kommunikation hängt immer von der Qualität der Beziehung ab.«

Wie die Mitarbeiter einer Firma miteinander umgehen, gibt uns Auskunft über die Qualität ihrer Beziehungen. Ist die Beziehung zwischen Chef und Mitarbeiter nicht harmonisch, wirkt sich das auch auf das Verhalten der Mitarbeiter aus. So wie die Mitarbeiter vom Chef behandelt und geführt werden, so ist die Atmosphäre des ganzen Unternehmens. Wie der Kunde den Verkäufer behandelt, hängt von der Qualität der Beziehung ab und umgekehrt. Wie Ehe- oder Lebenspartner miteinander umgehen, vermittelt die Qualität ihrer Beziehung. Wenn man bedenkt, dass bei dem letzten Beispiel Liebe die Basis ist, zeigt uns das auch, wie es um die Liebe steht.

Zurück zur täglichen Praxis. Beziehungen wollen gepflegt werden, wenn Sie nichts dafür tun, leidet die Qualität – ganz gleich, ob Sie jetzt an ein Arbeitsverhältnis, eine Kundenbeziehung, Liebesbeziehung oder andere zwischenmenschliche Beziehungen denken. Vielleicht haben Sie ja auch schon einmal die Erfahrung gemacht, dass Sie dringend die Hilfe von einem Freund brauchten und plötzlich merkten, dass Sie sich lange Zeit nicht mehr gemeldet haben. Ihnen wird plötzlich klar, dass Sie ihn völlig vernachlässigt haben, und Sie haben kein gutes Gefühl dabei, ihn jetzt, wo Sie ihn brauchen, anzurufen. Das Gewissen meldet sich. Zu Recht! Man kann Beziehungen nicht im Augenblick des Bedarfs oder der Not abrufen, die man vorher jahrelang vernachlässigt hat. Der andere fühlt sich so möglicherweise ausgenutzt oder nicht wertgeschätzt.

Ganz ähnlich verhält es sich mit den Geschäftsbeziehungen. Beziehungen sind das wertvollste Kapital, das Sie haben. Es gibt viele Spielarten, wie man Beziehungen aufbaut, aber das Wie ist nicht so entscheidend; wichtig ist vor allem, dass man Beziehungen pflegt und dass es ehrlich gemeint ist! Basis dafür ist, dass man ein liebenswerter Mensch ist und den Kunden mit echter Herzlichkeit und Freundlichkeit begegnet. Seien Sie aufmerksam und überraschen Sie Ihre Kundin zum Beispiel zum Geburtstag mit einer hübschen Karte, einer kleinen Blume oder einem Präsent. Aber auch ein Hinweis auf eine Veranstaltung, die sie interessiert und ihrer Kundin Freude bereitet, zeigt Ihr Interesse an der Person. Seien Sie kreativ – es ist ein Akt des Gebens und damit ein wichtiges Fundament jeder Beziehung.

Die Beziehung zu Kunden und Konsumenten kann ganz verschiedene Formen haben. Ein Einzelhändler hat eine ganz andere Herangehensweise als ein Restaurantbesitzer und doch haben beide das gleiche Ziel: Sie wollen eine Beziehung zum Kunden aufzubauen und dass der Kunde wiederkommt. Beide kümmern sich um die Bedürfnisse der Kunden.

12.2.1 Infinite Networking

Nun lassen Sie uns noch einen Schritt weiter gehen und eine ganz andere Dimension von Beziehung betrachten. Sehen wir uns das Universum an, es ist ein einziges Netzwerk – alles ist unendlich miteinander verbunden. Das sagt die moderne Physik.

Wie lässt sich nun diese Tatsache für ein neues Management, im Verkauf oder für Ihr Institut nutzen?

C. G. Jung hat in seiner Theorie der Synchronizität eine praktische Auswirkung des unbegrenzten Netzwerks entdeckt. *Sinnvolle Zufälle* ereignen sich, weil ein geniales Computernetzwerk hinter den Kulissen seine unsichtbaren Fäden spinnt. Wichtig ist zunächst einmal, dass die sogenannten Zufälle eben nicht so zufällig sind, wie wir bisher gedacht haben, und dass wir sie bewusster wahrnehmen und auf ihre Bedeutung untersuchen sollten. Sie sind in der Regel wichtige Hinweise der Natur.

Verbunden mit den sinnvollen Zufällen ist es das **Gesetz der Anziehung,** das ich schon einmal ansprach. Bestimmte Menschen oder Ereignisse begegnen uns nicht zufällig auf unserem Weg. Das gilt nicht nur für jeden einzelnen Menschen, sondern auch für alle Unternehmen. Durch unser Denken können wir weit entfernte Ereignisse beeinflussen. Das Einheitliche Feld, wie die Physik es bezeichnet, ist ein unbegrenzter Bestellservice. So wie wir mit diesem Feld kommunizieren, schaffen wir unsere Wirklichkeit. Was wir ordern, wird geliefert.

Ein kohärentes Unternehmen wird nach diesem Prinzip eine andere Anziehungskraft ausüben als ein weniger geordnetes. Aber es ist nicht nur die Kraft der Anziehung. Auch die Qualität der angezogenen Ereignisse, die Geschäftspartner und Kunden verändern sich. Es ist ähnlich wie im Bereich der persönlichen Beziehungen. Wenn Sie sich entwickeln und ändern, werden andere Menschen in Ihr Leben treten.

Beziehungsmanagement bekommt hier eine ganz neue Dimension. Wir beeinflussen unser Umfeld permanent durch unser Sein, Denken und Handeln und leben im Austausch mit den von uns selbst geschaffenen Zuständen. Das heißt, wir erschaffen unsere Lebensqualität und jene Umstände, die uns manchmal nicht glücklich machen, selbst. Letztendlich beeinflussen gewisse Begebenheiten unser Leben, die wir selbst in unser Leben geholt haben. Wir schaffen unser Leben, wie wir mit dem »web of life« interagieren. Phänomene wie die EPR-Korrelation von Einstein, Podolski und Rosen, Jungs Synchronizität oder Sheldrakes morphologische Felder beschreiben letztlich das, was wir »infinite Networking« nennen.

Infinite Networking geschieht permanent. Wir ziehen immer die Dinge und Umstände an, die unserem Sein und Denken entsprechen. Das *Gesetz der Anziehung* ist ein Ausdruck des infinite Networking. Beim Mobbing sucht der Täter das Opfer – oder ist es umgekehrt? Mit gleicher Berechtigung! Das Außen ist ein Spiegel.

Das Gesetz von »Actio« und »Reactio« ist nur scheinbar ein Phänomen, das nur der Kausalität zuzuordnen ist, in Wirklichkeit ist es genauso a-kausal oder gleichzeitig.

Schlussfolgerung 1:
Wir ziehen Menschen und Umstände an, die unserem Sein und unserer Persönlichkeit entsprechen. Wir schaffen unsere Wirklichkeit und unseren Erfolg!

> **Schlussfolgerung 2:**
> Wir sollten eine Situation schaffen, dass wir den gewünschten Effekt anziehen. Wir sollten eine Situation erzeugen, dass wir mit der »Reactio« zufrieden sind.

12.3 Die effektivsten Werbemaßnahmen

Wenn Sie neu anfangen und keine größeren Ressourcen für Werbung haben, ist Ihr erster und bester Werbeträger Ihre Familie, Ihre Freunde, Bekannten, Clubfreunde etc.
Damit diese auch wissen, wofür sie werben sollen, müssen sie zumindest einmal die wohltuenden Wirkungen Ihrer Behandlung genossen haben. Das ist Ihr Investment. Bedenken Sie, es gibt keine bessere Werbung als *Mund-zu-Mund-Propaganda*.

Haben Sie Ihre ersten Neukunden, dann geben Sie alles und machen Sie sie »happy«. Ihre Belohnung wird sein, Ihre Kunden kommen wieder und werden Ihnen neue Kunden bringen. Ich kenne eine Reihe von Geschäften und Instituten, die noch niemals Werbung gemacht haben und sehr erfolgreich sind. Manchmal gibt es Restaurants, die völlig abseits liegen, und man fragt sich, wie man hier überhaupt ein Restaurant aufmachen kann, und sie sind trotzdem sehr gut besucht. Qualität spricht sich herum!

Legen Sie in allen passenden Geschäften, in denen Sie selbst Kunde sind, Ihren hochwertigen Flyer aus und bauen sie Kooperationspartner auf. So können Sie sich gegenseitig empfehlen und jeder profitiert.

Betreiben Sie *aktives Empfehlungsmanagement*. Bitten Sie Ihre zufriedenen Kunden um Referenzadressen: Wenn Sie Ihren Freunden etwas Gutes tun wollen, an wen denken Sie dann? Für wen, meinen Sie, wäre eine Behandlung ideal? Laden Sie diese Personen zu einer Probebehandlung ein.
Sie können auch einen Gutschein für eine kostenlose Behandlung geben. Damit fällt es Ihrem Kunden leichter, seine Freunde zu motivieren. Schließlich macht er Ihnen ja indirekt auch ein Geschenk.
Oder bieten Sie zum Beispiel Vereinen Workshops an. Verlosen Sie Gutscheine und machen Sie die Vorsitzenden zu Werbeträgern. Als Belohnung verschenken Sie einen Gutschein für eine Behandlung. Das alles sind effektive Maßnahmen, um neue Kunden zu gewinnen und bekannt zu werden.

Eine weitere sehr effektive Maßnahme sind Fließtextanzeigen, die Sie mehrmals hintereinander unter der Rubrik »Gesundheit« oder »Verschiedenes« schalten. Es genügt zu schreiben: »Kosmetikerin hat *noch* Termine frei« und Ihre Telefonnummer. Oder Sie schreiben Angebote aus: »Große Sommeraktion: klassische Kosmetikbehandlung zum Preis von Summe x Euro, nur noch bis zum 31. August«. Aber auch eine neue Methode und Spezialverfahren eignen sich.

Ein absolut exzellentes Werbemittel ist heute natürlich auch das *Internet*. Vor allem junge Leute schauen kaum noch in die Zeitung, sondern eher ins Internet, wenn sie nach einem Kosmetikinstitut suchen. Ist Ihre Klientel eher älter, dann sollten Sie bedenken, dass sie eher weniger mit dem Computer im Sinn haben und durch konventionelle Werbeträger erreichbar sind. Gerade diese Altersgruppe könnte für Sie aber interessant sein, weil sie oft betuchter ist oder kleine Schönheitsreparaturen schon eher benötigt.

Wenn Ihr Budget es zulässt, können Sie auch über einen lokalen Radiosender werben, vielleicht auch zusammen mit Ihren Kooperationspartnern.

12.4 Pressearbeit, Medien

Wenn Sie gerade Ihr Kosmetikinstitut aufbauen, mag es vernünftig sein, Ihr Budget nicht durch teure Werbemaßnahmen zu überlasten. Nutzen Sie deshalb zuerst all die Möglichkeiten, die nichts oder nur sehr wenig kosten.
Nutzen Sie dazu die lokalen oder regionalen Blätter. Fast jeder Ort hat einen lokalen Anzeiger, der gerne über die Eröffnung Ihres Institutes berichtet. Es ist ja ein lokales Ereignis. Wenn Sie dem Redakteur schon einen Entwurf eines Artikels anbieten können, stehen Ihre Chancen noch besser. Haben der Bürgermeister oder andere lokale Honoratioren zugesagt, wird das sein Interesse steigern. Denken Sie auch daran, dass ein Fotograf vor Ort ist. Allein bei der Eröffnung können

Sie schon zweimal punkten: Sie schreiben eine Ankündigung und dann einen Bericht über das Ereignis. Natürlich empfiehlt es sich, dem Redakteur eine Probebehandlung anzubieten. Wenn er begeistert ist, haben Sie einen Fürsprecher gewonnen. Und ... pflegen Sie diese Beziehung!

Später können Sie dann auch spezielle Events ankündigen.

Grundsätzlich ist alles möglich: Sie können natürlich auch gleich ganz groß einsteigen, wenn Sie sich die Investitionen leisten können. Ich erinnere mich an einen Fall, bei dem eine Kosmetikerin Anzeigen bei führenden Modejournalen geschaltet hat. Sie ist heute eine sehr bekannte Persönlichkeit in der »Schickimicki-Szene« und macht einen riesigen Profit. Sie hatte von Anfang an diese Vision und war vollkommen davon überzeugt.

Lassen Sie sich aber auf keine waghalsigen Abenteuer ein, sondern gehen Sie Ihren Weg, sodass Sie sich bei allem, was Sie tun, wohlfühlen.

Wenn Sie gut schreiben können, können Sie auch versuchen, einen Artikel in regionalen oder überregionalen Fachzeitschriften zu platzieren. Auf jeden Fall können Sie die entsprechenden Redakteurinnen im Gesundheits-, Fitness- oder Wellnessbereich zu einer Probebehandlung einladen.

Wenn Sie eine Anzeige schalten, sollten Sie immer versuchen, auch einen redaktionellen Artikel zu lancieren. Das ist fast immer möglich.

12.5 Kooperationen etc.

Nutzen Sie Synergieeffekte, die durch die Zusammenarbeit mit anderen Unternehmen entstehen können. Bedenken Sie dabei, dass dies keine Einbahnstraße sein darf. Auch Ihre Kooperationspartner sollten von der Zusammenarbeit profitieren. Überlegen Sie deshalb, welchen Nutzen Sie Ihren Partnern anbieten können. So haben Sie gute Argumente für eine ausgeglichene Zusammenarbeit.

Synergieeffekte

Synergieeffekte können Sie vor allem durch ein erweitertes Angebotsspektrum oder durch passende Kooperationspartner erreichen. Stellen Sie sich nun zwei wichtige Fragen:
Welche weiteren Angebote passen zu mir?
Welche Kooperationen bieten sich an?

- Arztpraxen
- Naturheilpraxen
- Gesundheitszentren
- Massagepraxen
- Physiotherapeuten
- Krankengymnasten
- Fitnessstudios
- Friseure
- Optiker
- Floristen
- Autohäuser
- Boutiquen

- Geschenkartikelläden
- Dekorationsartikelläden
- Feinkost / Biogeschäft
- Schmuckboutiquen
- Kunstateliers

Achten Sie aber bitte darauf, dass Sie Ihre Praxis nicht völlig zweckentfremden und dass keinesfalls der Eindruck entsteht, die Kundin befindet sich in einem Tante-Emma-Kaufhaus oder Kitschladen, wenn Sie Waren integrieren, die hier eigentlich nicht hingehören. Halten Sie es dezent!

12.6 Eventplanung, Sonderaktionen

Um Aufmerksamkeit zu bekommen, bieten sich Pflegeevents oder auch Pflegewochen mit bestimmten Themen an. Die verschiedenen Themen sprechen verschiedene Bedürfnisse an. Themen könnten sein:
Wohlfühltage – Schöne-Hände-Woche – Wellness für die Füße – Auf gesunden Füßen – Wohlfühlmassage – Entspannung für den Rücken – Anti-Aging – Trendfarben im Herbst – Eine Reise in die Karibik – Sternenstunde für die Sinne – Trendlidschatten – Schminkworkshop – Nailart – Bikinifigur – Straffungsbehandlungen – ayurvedische Beratung – Farb- und Stilberatung usw.

Für all diese Themen können Sie auch wunderschön verpackte Geschenkgutscheine vorbereiten.

12.6.1 Einladung zum Event

Beliebt sind Jahreszeitenevents. Nur sollten Sie auch hier kreativ werden und Ihre Fantasie fordern, damit dieses Ereignis auch wirklich etwas Besonderes wird.

Beispiel: Frühlingsbrief – *Kirschblütenfest*

a) an Kunden und potenzielle Kunden verteilen, attraktive Aufmachung / Sinne ansprechen
   • Papier mit Raumduft besprühen
   • Farbiges Papier
   • Kleine Überraschung beilegen (Produktprobe)
   • Entspannungs-CD

b) Ankündigung einer besonderen Attraktion
   • Kräutersäckchen mit Aromaölen
   • Warmes Kräuterkissen
   • Klangschalenmassage
   • Pfirsich-Paraffinpflege
   • Überraschungsangebot

c) Kooperationen, siehe Punkt »Kooperationen«

12.6.2 Zeitplan

Planungsbeginn drei Monate vorher

- Termin, Thema, Ziel, Ideen, Programm
- Kooperationspartner einladen
- Maßnahmen / Unterstützung von Produktfirmen, Herstellern oder anderen Kooperationspartnern
- Sonderangebote, Geschenkideen
- Werbemaßnahmen planen

Umsetzung sechs Wochen vorher

- Einladungen, Handzettel, Anzeigen gestalten
- Kunden persönlich einladen
- Dekoration, Musik, Produkte / Warenstand

Umsetzung vier Wochen vorher

- Einladungen verschicken, Anzeigen schalten
- Wer macht was? Wer hilft mir?

Umsetzung ein bis zwei Wochen vorher

- Zeitungsartikel
- Postrücklauf, telefonische Einladungen
- Verpflegung, Getränke, Geschirr, Sitzgelegenheiten

- Dekoration, Blumen
- Fotograf
- Mitarbeiterbesprechung
- Wer macht was?

Umsetzung Vortag bzw. Veranstaltungstag

- Räumlichkeiten dekorieren
- Duftlampen
- Buffet / kulinarische Snacks vorbereiten
- Aufbau: Technik / Produkte / Angebote / Musik
- Begrüßungsgeschenk, Garderobe
- Terminkalender / Kartei bereitlegen

12.7 Informationen über neue Produkte

Über neue Produkte können Sie das Interesse Ihrer Kunden aufrechterhalten. Viele Menschen mögen es, wenn es etwas Neues gibt, und finden es interessant, darüber informiert zu werden. Es bieten sich viele Möglichkeiten:

- Sie können etwa während der Behandlung (wenn es passt und nicht störend wirkt) erwähnen, dass Sie selbst gerade diese neue Creme ausprobiert haben und dass diese Ihrer Haut besonders gutgetan hat.
- Sie können schriftliche Informationen im Wartebereich auslegen (wobei es am besten keine oder eine nur sehr kurze Wartezeit gibt).
- Wenn Sie sehr gut organisiert sind, können Sie auch

Inforundschreiben herausschicken. Es bietet sich natürlich auch an, Mailings zu versenden. Wichtig ist, die Kunden beim Erstkontakt zu fragen, ob Sie ihnen die Informationen zusenden dürfen.

12.8 Wie können Sie Laufkunden ansprechen?

Wenn Sie etwa in einer Fußgängerzone, einer belebten Straße oder in einem Einkaufszentrum Ihr Institut haben, ist es sinnvoll, auch die Passanten anzusprechen. Wie können wir die Aufmerksamkeit der Passanten erregen? Hier leisten Straßenstopper sehr gute Dienste. Haben Sie sogar ein oder mehrere Schaufenster, so ist das ein sehr vielseitiges und effektvolles Werbemittel.

In erster Linie sollte die Gestaltung des Schaufensters darauf abzielen, die Menschen neugierig zu machen und ihre Aufmerksamkeit zu fesseln. Hier ist Ihre Kreativität gefragt. Nur wenn der Passant stehen bleibt, besteht überhaupt die Möglichkeit, ihn über Ihr Produkt oder Ihre Dienstleistung zu informieren, was aber noch nicht bedeutet, dass sich der Kunde über Ihre Schwelle traut. Die Aufmerksamkeit kann aber auch durch Entfremdung geschehen. Also müssen wir uns etwas Außergewöhnliches einfallen lassen. Eine Modepuppe mit einer schicken Handtasche, ein Rocker mit Brille oder eine Harley Davidson vor Ihrer Haustür werden mehr Aufmerksamkeit erregen als eine Produktwerbung. Es kann der geniale Werbeträger sein. Hier können Sie möglicherweise auch Produkte von Ihren Kooperationspartnern einsetzen.

Mit der Harley Davidson ziehen Sie zum Beispiel die Herren an. Bringen Sie Abwechslung ins Spiel. Im nächsten Monat organisieren Sie eine dezente Bilderausstellung, im nächsten Mode, dann Schmuck etc. und integrieren Sie die Themen in Ihrem Schaufenster.

Die Schönheitsfarm, in der ich arbeitete, mietete zur Eröffnung einen Rolls-Royce, der direkt vor dem Eingang platziert wurde und dezent mit Werbung dekoriert war. Immer wenn mich später jemand fragte, wo ich denn arbeite, und ich den Namen des Institutes nannte, hörte ich große Begeisterung. »Ah ja, das ist doch dort, wo der schicke Oldtimer vor der Tür stand.« Das Auto (Entfremdung) war eine riesige Show und zog Menschen an ohne Ende, auch jene, die uns sonst niemals wahrgenommen hätten. Auch bei der Presse stießen wir auf großes Interesse. Sie schrieben gern einen Bericht für uns. Ich erinnere mich, dass wir nicht nur in der regionalen Zeitung standen, sondern auch in den größeren Tageszeitungen und in bekannten Zeitschriften.

Lassen Sie großflächig Flyer verteilen, dabei können Ihnen vielleicht auch schon Ihre fast erwachsenen Kinder helfen, oder lassen Sie sich von Freunden unterstützen. Gewöhnen Sie sich an, Ihre Werbung auch selbst bei jeder Gelegenheit zu verteilen.

Ich hatte immer einen großen Schwung Flyer im Auto, aber auch in allen Handtaschen, sodass ich, wenn sich eine Gelegenheit bot, reagieren konnte.

Wichtig ist: Alle Aktionen sollten immer auf Ihrem Niveau stattfinden.

Kapitel 13

Empfehlungen, der Königsweg

Ich habe immer wieder den Eindruck, dass den meisten Dienstleistern gar nicht bewusst ist, wie wertvoll die Kunden sind, die sie bereits gewonnen haben. Statt diese Tatsache dankbar zu erkennen, suchen sie immer weiter nach neuen Kunden und sind damit so sehr beschäftigt, dass sie gar nicht merken, dass bestehende Kunden fernbleiben. Ihre Stammkunden sind Ihr wichtigstes Kapital, das Sie angemessen pflegen und betreuen sollten! Nur wenn Sie die Menschen, die bereits zu Ihnen kommen, angemessen bedienen, werden weitere den Weg zu Ihnen finden. Machen Sie sich bewusst, Ihr Schwerpunkt sollte auf der Qualität liegen! Pflegen Sie lieber einen kleinen, zufriedenen Kundenkreis, statt sich ständig mit vielen Neukunden zu beschäftigen, die nicht wiederkommen.

Wenn Sie aber mit dem, was Sie haben, noch nicht ausgelastet sind, gewinnen Sie Neukunden am leichtesten durch Empfehlungen. Eine Neukundengewinnung funktioniert natürlich fast wie von selbst, wenn die Qualität stimmt, und dennoch können Sie das nicht dem Zufall überlassen, sondern müssen die Schritte *systematisch* planen und durchführen. Bieten Sie zum Beispiel für jeden Neukunden ein Pflegeset an oder eine kostenlose Behandlung, die sich die Kundin aussuchen darf. Sie können von der Grundannahme ausgehen: Menschen tun anderen Menschen gerne einen Gefallen, wenn Sie es können. Und wenn Sie einen Menschen um einen Gefallen bitten, wird dieser sich in der Regel geschmeichelt fühlen. Trauen Sie sich! Die Qualität, wie Ihre bestehenden Kunden von dem Produkt erzählen, ist von unschätzbarem Wert und mit Geld kaum zu bezahlen. Ihre traumhaft schöne Behandlung zu bekommen ist einfach etwas ganz besonders Schönes. Genau das werden Ihre Kunden weitererzählen. Sie werden von Ihnen schwärmen, deshalb seien Sie ihnen dankbar und zeigen Sie sich erkenntlich mit kleinen Geschenken! Werbung ist nicht umsonst.

Wenn Sie sich schwertun, nach Empfehlungen zu fragen, so ist es gut, sich einmal klarzumachen, was Ihnen Empfehlungen bringen und was es bedeutet, keine Empfehlungen zu erhalten.

13.1 Vorteile von Empfehlungen

- Ein hervorragender Türöffner
- Der Empfehlungsgeber ist der eigentliche Verkäufer
- Positive Erfahrungen übertragen
- Es wird Vertrauen geschaffen
- Höhere Erfolgsquote
- Widerstände geringer
- Kürzere Gesprächsdauer – weniger Zeitaufwand
- Leichterer Gesprächseinstieg
- Angenehmere Atmosphäre beim Gespräch
- Weniger Stornierungen – weil selbst empfohlen
- Kostengünstige Methode

- Gutes Adresspotenzial
- Keine Kaltakquisition nötig
- Ist der Lohn guter Arbeit
- Stärkt das Selbstbewusstsein
- Es ist der Erfolgsmultiplikator

Wenn Sie nicht nach Empfehlungen fragen, waren Sie vielleicht nicht mutig genug, doch das zehrt am Selbstbewusstsein und an der Selbstachtung. Lassen Sie sich aber davon nicht kleinkriegen: Nächstes Mal machen Sie es besser! Und damit Sie auch wirklich daran denken, erinnern Sie sich mit kleinen Zetteln.

Voraussetzungen für Empfehlungen sind dann gegeben, wenn wirklich alles stimmt, Ihr Auftreten, das Ambiente und die Behandlungen, sodass Ihr Kunde sich sagt: »*Die kann ich weiterempfehlen.*« Sie verkaufen also wieder einmal zuerst sich selbst und dann natürlich Ihre Leistung. Wenn Sie den Kunden durch Ihre Fachkompetenz und Persönlichkeit begeistert haben, ist Ihnen sein *Vertrauen* und die *Sympathie* sicher. Langfristig ist natürlich ein gutes *Image Ihres Institutes* lebensnotwendig. Die Qualität der Dienstleistung, der Produkte, aber auch Ihre Einstellung und das Verhalten jedes einzelnen Mitarbeiters sind maßgebend für Ihren Erfolg.

13.2 Blockaden, die hindern, die Empfehlungsfrage zu stellen

- Man fühlt sich als Bittsteller. Dafür gibt es aber keinen Grund, wenn es sich um eine ehrliche Leistung handelt, die Sie anbieten. Ganz im Gegenteil: Sie geben dem Kunden unendlich viel.
- Man hat Angst, dass der Kunde konkrete Fachfragen stellt, die man vielleicht noch nicht beantworten kann, und sucht nach der Behandlung schnellstmöglich das Weite, um einem Gespräch aus dem Weg zu gehen. Man geht scheinbar den Weg des geringsten Widerstandes und vergisst, dass man sich dadurch die Arbeit nur schwerer macht, weil ein Neukontakt viel mehr Energie, Aufwand und auch Mut braucht.
- Man hat Angst vor einem »Nein« und damit vor Ablehnung.
- Man hat Angst, dass der Kunde verärgert sein könnte.
- Man hat Angst, den Kunden zu verlieren.
- Man vergisst ganz einfach nach der Empfehlung zu fragen, was natürlich oft unter die Kategorie *Selbstsabotage* fällt.
- Bei vielen Menschen ist auch »Aufschieberitis« zu einem festen Muster geworden. Alles, was unangenehm werden könnte, wird einfach erst mal aufgeschoben.

13.3 Wann Sie die Empfehlungsfrage stellen

- Der günstigste Moment ist dann, wenn der Kunde von Ihrer Behandlung, von Ihrem Produkt, Ihrem Service oder von Ihrer Person schwärmt. Wenn er sich begeistert bedankt, also wenn das Eisen noch heiß ist. Wenn Sie nicht gleich reagieren und erst nach einigen Tagen anrufen, mag das Erlebnis schon wieder durch viele andere Ereignisse überschattet sein. Außerdem mag der Kunde sich vielleicht in einer ganz anderen Stimmung befinden, weil er zum Beispiel Stress in der Firma oder in der Partnerschaft hat.

- Ein Empfehlungskärtchen ist eine elegante Lösung, weil es suggeriert, dass die Empfehlung ein integrierter Teil der Beratung ist. Motivieren Sie den Kunden mit einer Belohnung.

- Haben Sie die Empfehlungsfrage beim Beratungsgespräch verpasst, kann ein Telefongespräch im Rahmen Ihrer Betreuung eine günstige Gelegenheit sein. Voraussetzung ist natürlich, dass der Kunde mit Ihrer Behandlung, Ihrem Produkt und Ihrer Betreuung zufrieden ist.

- Eine gute Betreuung gibt dem Kunden auch das Gefühl, bei Ihnen gut aufgehoben zu sein. Ist dieses Gefühl vorhanden, so wird sich immer eine Gelegenheit bieten, nach weiteren Empfehlungen zu fragen.

13.4 Wie Sie die Empfehlungsfrage stellen

Es gibt viele Möglichkeiten und Wege, die Empfehlungsfrage angemessen zu stellen. Wichtig ist, dass die Formulierung zu Ihnen passt. Seien Sie einfach natürlich und nehmen Sie sich die Zeit, die Empfehlungsfrage für sich selbst schriftlich zu formulieren. Überlegen Sie sich auch immer einen Plan B, das heißt mindestens zwei verschiedene Strategien. Bedenken Sie, nicht jeder Mensch ist gleich, Ihre Herangehensweise muss schon individuell sein. Wenn Sie sich erst alle möglichen Szenarien überlegen, wie der Kunde reagiert oder antworten könnte, rechnen Sie mit einer negativen Antwort. Sie sollten das Ganze positiv angehen und einfach mal ganz unschuldig fragen, so gibt es den wenigsten Widerstand.

13.4.1 Referenzen

Die Kunden sind in der Regel sehr interessiert an Ihren Qualifikationen und wollen gerne wissen, für wen oder mit wem Sie schon zusammengearbeitet haben. Schriftliche Referenzen sind von daher ebenfalls gute Türöffner und schaffen, zum Beispiel auf Ihrem Briefpapier eingesetzt, zusätzliches Vertrauen. Referenzen heißt: »Überzeugen mit Zeugen«. Heute wird man, bevor man mit einer Firma oder Person zusammenarbeitet, erst ins Internet schauen. Deshalb ist die professionelle Art und Weise Ihres Internetauftritts sehr wichtig. Für den Kunden ist es aber nicht so entscheidend, wie Sie sich selbst präsentieren, sondern vielmehr, wie Ihre Kunden Ihre Leistungen sehen und einschätzen.

Wie bekommen Sie schriftliche Referenzen?

1. Der Zeitpunkt ist entscheidend. Nutzen Sie den Augenblick, wenn der Kunde sich zufrieden und begeistert über Ihre Dienstleistung äußert. Sie kennen sicher die Erfahrung »Ach hätte ich doch gleich gefragt, als sie sagte, das war die schönste Behandlung, die sie je erlebt hat«. Solch ein Moment kommt so schnell nicht wieder und ist sicher der beste Zeitpunkt, um zu fragen, ob sie so nett ist, das einmal genauso für Sie aufzuschreiben. Zeigen Sie, dass Sie sich darüber freuen würden und dass Ihnen schon ein paar Zeilen reichen, dass sie gar nicht viel schreiben muss. Dieser Moment, wenn der Kunde sich zurücklehnt und anfängt vor Begeisterung zu strahlen, bietet Ihnen eine einmalige Gelegenheit, ihn ganz natürlich und entspannt zu fragen. Jetzt sind Sie selber begeistert und freuen sich mit Ihrem Kunden über das Ergebnis. Haben Sie nicht gefragt, weil Sie vielleicht die Stimmung nicht gefährden wollten, haben Sie eine Chance verpasst. Nutzen Sie also den passenden Zeitpunkt!

2. Haben Sie die Zusage, können Sie trotzdem möglicherweise sehr lange darauf warten oder die Referenz kommt niemals. Deshalb bedanken Sie sich und schlagen vor, dass Sie einen Entwurf vorformulieren können und dieser dann korrigiert zurückgeschickt werden kann. So bleibt die Initiative bei Ihnen. Sie können diesen Austausch am besten per E-Mail durchführen.

3. Günstig ist, wenn dann der Kunde das Referenzschreiben auf seinem Briefpapier ausdruckt und unterschrieben an Sie zurücksendet.

4. Wenn Sie selbst den Entwurf machen können, so achten Sie darauf, dass Sie keine gleichlautenden Kundenaussagen produzieren, sondern in jedem Schreiben besondere Qualitäten Ihrer Arbeit hervorheben.

5. Referenzschreiben kann man gezielt bei Verkaufsgesprächen als Beweis einsetzen. Sie können Sie in Ihre Broschüre (mit Einverständnis des Kunden) einarbeiten oder beilegen, in Anschreiben einbauen und natürlich auch ins Internet stellen. Besondere Referenzen (zum Beispiel von Marktführern, Prominenten) können auch, gerahmt oder in eine Bildergalerie eingearbeitet, in Ihren Geschäftsräumen aushängen.

6. Ich persönlich finde es besonders günstig, wenn die Kundin direkt an dem Tag, an dem sie ihre Begeisterung äußert, noch bevor sie Ihre Praxis verlässt, einen Dreizeiler schreibt. Sie können ganz offen und ehrlich darüber sprechen, dass Sie von all Ihren Kunden Referenzen sammeln.

Kapitel 14

Wie Sie Ihre Kunden kreativ an sich binden

14.1 WIE Sie Ihre Kunden be-halten – Kundenpflege

Die Schlüsselfragen für Sie lauten:
a) Womit können Sie punkten? Ambiente? Persönliche Ausstrahlung?
b) Fürsorge? Herzlichkeit? Fachkompetenz ...
c) Wie gehen Sie mit Kunden um?
d) Wie gewinnen Sie den Kunden (emotional – rational)?
e) Wie können Sie sich deutlich von anderen absetzen?
f) Welche Qualitätsstufe wollen Sie erreichen?
g) Was sind Sie bereit zu geben und dafür zu tun?

14.2 Das Ambiente, ein Erlebnis für die Sinne

Das Ambiente sollte alle Sinne ansprechen und zu einem unvergesslichen Erlebnis werden. Nun könnten Sie einwenden, das wird aber ganz viel kosten und wird für mich nicht bezahlbar sein. Das aber stimmt nicht. Man kann mit einfachen Mitteln einen großen Effekt erzielen und die Wirkung ist oft beeindruckender als bei einem perfekt gestylten Geschäft. Es muss sich alles nur zu einem harmonischen Ganzen fügen. Und wenn Sie selbst nicht der große Innenarchitekt sind, dann schauen Sie sich in Ihrem Freundes- oder

Bekanntenkreis um und bitten um Hilfe. Ich bin dafür, gerade am Anfang nicht zu übertreiben und die Investitionen eher klein zu halten. Nehmen Sie sich aber zu Herzen, dass alles mit viel Geschmack und Stil eingerichtet sein sollte und dass Sie alle Sinne des Kunden ansprechen.

14.3 Service als emotionales Erlebnis

> »Bedenke stets das WAS und noch mehr bedenke das WIE!«
> *(Johann Wolfgang von Goethe)*

Dieser Ausspruch von Goethe ist ein Kerncredo des Marketings. Es ist zweifelsohne wichtig, was wir tun und was wir anzubieten haben, doch den entscheidenden Unterschied macht das WIE!

Schon Ihre Werbung sollte Lust auf ein besonderes Erlebnis machen. Präsentieren Sie auch hier schon Ihre Andersartigkeit, indem Sie beispielsweise Ihre Anzeige in der Zeitung nicht eckig, sondern oval gestalten. Der Text sollte ausdrücken, dass man bei Ihnen die Kosmetik von einer ganz neuen Seite kennenlernt, dass die Behandlung sehr entspannend ist und ein unvergesslich schönes Erlebnis. Sie müssen aber auch halten, was Sie versprechen, oder die Erwartungen sogar noch übertreffen.

Schauen Sie sich zum Beispiel die tollen Hochglanzbroschüren von Hotels an. Tolle Fotos, die nur die besten Seiten zeigen, und dann kommt schon die erste Enttäuschung, wenn man das Haus betritt.

Alles, was wir anbieten, sollte besonders und außergewöhnlich sein: die Qualifikation, das Ambiente, das Behandlungsangebot, die Produkte und natürlich Ihr Herzstück, die Behandlungen. Sie sollten mit Hingabe durchgeführt werden, wie eine Zeremonie oder ein Ritual. Denken Sie an ein schönes Essen. Welchen riesigen Unterschied macht es, WIE es serviert wird.

Genießen mit allen Sinnen! ...

... könnte auch hier das Motto lauten. Achten Sie auf raffinierte Details wie sanfte Düfte, dezente Beleuchtung, entspannende Musik und passende Dekors. Die einzelnen Behandlungen könnten fantasiereiche Namen haben. Der Behandlungsablauf könnte auf einem silbernen Tablett serviert werden, dazu ein schöner Weinkelch mit einem guten Wasser, stellen Sie die Flasche dazu, damit der Kunde sieht, dass er etwas Gutes bekommt. Oder Sie servieren den schriftlichen Behandlungsablauf mit den Produkten, die Sie für diesen Kunden liebevoll ausgewählt haben. Lassen Sie den Kunden einfach an den speziell für ihn ausgewählten Zutaten schnuppern. So hat er selbst die Möglichkeit, auf die »Speisekarte« zu schauen, kann das »Menü« wählen und entscheiden, wie es serviert wird. So merkt er direkt, dass er ganz individuell behandelt wird, ohne dass Sie es immer wieder sagen müssen. Das Lieblingsgetränk, das Sie nach der Behandlung reichen, sollten Sie in der Kartei notieren. Wenn Sie immer wieder fragen, macht das leicht einen unaufmerksamen Eindruck. Trotzdem dürfen Sie aber auch mal etwas Neues, Exotisches anbieten.

Wichtig: Mit Schnupperbehandlungen können Sie weitere Bedürfnisse wecken – sie sind in der Regel ein Türöffner. Gehen Sie hungrig einkaufen und bekommen an der Käsetheke eine leckere Kostprobe, so kaufen Sie ja auch davon, wenn Sie erst einmal probiert haben und es Ihnen schmeckt.

14.4 Einstellung zum Kunden

Über die Bedeutung unserer Einstellung unseren Kunden gegenüber haben wir schon gesprochen. Jetzt noch ein kleiner Tipp. Es ist wichtig, dass Sie selbstbewusst auftreten. Vielleicht gefällt Ihnen der Slogan, den ein 5-Sterne-Hotel an seine Mitarbeiter herausgegeben hat: »*We are ladies and gentlemen, serving ladies and gentlemen.*«

14.5 Qualität der Dienstleistung

Um immer an der Spitze bleiben zu können, empfiehlt sich regelmäßige Weiterbildung.

> »Wer auf höchstem Niveau verdienen möchte, muss auch auf höchstem Niveau dienen.« (*Chinesisches Sprichwort*)

Es sind unglaublich viele Kleinigkeiten, die den feinen Unterschied ausmachen.

- Wenn es plötzlich zu regnen anfängt, sollte ein Regenschirm bereitstehen oder Sie geleiten den Kunden beschirmt zum Auto.
- Eine Wärmflasche für die kalten Füße im Winter prägt sich ein.
- Ein warmes und duftendes Kräuterkissen für eine schmerzhafte Schulter-Nacken-Region macht Eindruck.
- Ein Glas Wasser bei der ersten Hustenattacke und ein Halsbonbon erzeugen Dankbarkeit.
- Bei Kopfschmerzen bieten Sie ruhig eine Tablette an, deren Wirkung durch Ihre liebevollen Hände bei der Massage noch unterstützt wird. Legen Sie sich zwei verschiedene bekannte Sorten für den Notfall in Ihr Arzneischränkchen.
- Seien Sie hilfsbereit und ideenreich zugleich, wenn Ihre Kundin Unterstützung braucht, ganz gleich, was es ist, das schafft Verbundenheit.

14.6 Kundenbetreuung

Eine zentrale Aufgabe bei der Kundenbindung ist auch eine gute Kundenbetreuung.

Um ein Geschäft auszubauen, gibt es verschiedene Strategien:
- *Defensive Strategie:* dem Verlust von Kunden durch gute Qualität und Betreuung vorzubeugen

- *Entwicklungsstrategie:* eine größere Produkt-/Dienst-leistungspalette für existierende Kunden
- *Wachstumsstrategie:* das Geschäft durch neue Kunden erweitern

Neue Kunden zu gewinnen ist nicht schwer – sie zu halten dagegen sehr!

Sie müssen schon alles, und damit meine ich wirklich alles, geben, um Ihre Kunden zu (be)-halten. Es sind oft die kleinen Dinge, woran die Beziehung zu bestehenden Kunden schei-tert. Leider ist es in den meisten Fällen so, dass der Kunde Ihnen nicht sagt, warum kein Interesse an weiteren Behand-lungen besteht. Sie erinnern sich an die Mingvase!

> »Diene hin und wieder, ohne etwas dafür zu verlangen.«
> *(Hippokrates)*

Sicher können Sie nach jeder Behandlung fragen, wie es Ihrer Kundin geht und ob ihr die Behandlung gefallen hat. Doch leider reicht das nicht immer, um sicher zu wissen, dass für Ihre Kundin wirklich alles bestens ist. Sprechen Sie mit jeder Kundin und kommunizieren Sie ganz offen: »Wenn Ihnen etwas nicht gefällt, bitte sagen Sie es mir direkt.« Schärfen Sie Ihre Sinne und schauen Sie, welche Kundin es toll findet, nach der Behandlung noch einen Moment mir Ihnen zusam-menzusitzen, um sich bei einer Tasse Kaffee oder Tee zu un-terhalten, und welche das nicht mag. Seien Sie **aufmerksam** und **einfühlsam**. Außerdem bieten sich solche Momente an, um über neue, interessante Angebote oder Produkte zu informieren. Doch bitte schauen Sie, dass Sie nicht lästig für den Kunden werden.

14.7 Der Kundenstamm ist Ihr Kapital

Das größte Kapital ist in vielen Berufssparten der Kundenstamm und damit wird »Kundenpflege und -betreuung« zu einem ganz entscheidenden Erfolgsfaktor! Ein hilfreiches Instrument ist eine gut gepflegte Kartei mit einer ebenso gepflegten Historie der Kunden.

Ein oft unterschätztes Potenzial bieten »Schlummerkunden«, also Kunden, die Sie in der Kundenkartei führen, die schon längere Zeit nicht mehr in Ihr Institut kamen oder bei Ihnen nur wenig Umsatz machen. Vielleicht waren Sie für diesen Kunden bislang nur Nebenlieferant. Doch das lässt sich vielleicht ändern und Sie sind schon bald Hauptlieferant? Der Vorteil: Sie haben bereits den Kontakt, eine Geschäftsverbindung und *kennen* den Kunden. Warum also nicht die Kunden, die früher einmal mit Ihren Behandlungen glücklich waren, aber seit einiger Zeit wegbleiben, nicht einfach anrufen. Sie werden feststellen, dass sich die meisten über Ihren Anruf sogar freuen. Und im Normalfall werden Sie sagen: »Sie haben recht, ich sollte mir selbst wieder mal was Gutes tun.«

14.8 Kreative Kundenbindung

Ein Vorteil wird immer sein, wenn Sie ein gutes Image aufgebaut haben. Wenn es ein Imagegewinn für Ihre Kunden ist, dass sie sich regelmäßig bei Ihnen behandeln lassen, dann haben Sie es wirklich geschafft.

Wir haben schon darüber gesprochen, dass exklusive Kundenaktionen eine gute Sache sind. Das können Events, Vorträge oder Workshops sein, die im Rahmen der Gesundheit liegen. Themen wie Cellulite oder Ernährung zum Beispiel interessieren so ziemlich jede Frau. Binden Sie eine kostenlose Hauttypenberatung oder Make-up-Beratung mit ein. Verlosen sie drei kleine kostenlose Behandlungen und vereinbaren sie gleich einen Termin. Veranstalten Sie einen Pflege- oder Schminkworkshop, dieses Angebot werden viele Kunden gerne wahrnehmen.

Als außergewöhnlichen Service können Sie auch Hausbesuche, ein Shuttletaxi, Kinderbetreuung oder Sonntagstermine anbieten.

Wichtig sind immer gute Ideen. So können Sie zu den Jahreszeiten spezielle Angebote machen, zum Beispiel ein Herbstfarbenevent, mit den neusten Make-up-Trends oder einen Entschlackungsworkshop im Frühling, die Feuchtigkeitsdusche für sonnengebräunte Haut im Sommer, den Winterzauber für die kalten Monate usw. Überlegen Sie sich dabei, wie Sie den Jahreszeitenevent einmal völlig anders gestalten können. Machen Sie ihn komplett anders als die anderen. Im Frühling mit Wiese und Krokussen, im Sommer mit Sand, Muscheln und Sonnenschirm, im Herbst mit Weinlaub und im Winter mit Schneemann ist doch ziemlich einfallslos. Machen Sie das anders und sprengen Sie die Grenzen Ihres eigenen Denkens. Es geht ja darum, die Aufmerksamkeit zu erregen und dem Kunden eine interessante Kulisse zu bieten. Besonders gut gelungen ist es Ihnen, wenn Sie Ihren Kunden immer wieder neue Ideen liefern und sie Ihre Dekorationen so klasse finden, dass sie es kopieren. Schauen Sie sich ruhig auch einmal in anderen Branchen um, wie diese die Aufmerksamkeit der Kunden gewinnen. Vorbildlich sind da wirklich die Optikergeschäfte, die häufig sehr kreativ und einfach anders sind.

Vielleicht können Sie hierzu auch Ihre Kooperationen aktivieren. Warum nicht einmal eine Vernissage (wenn es die Räumlichkeiten erlauben), eine Fotoausstellung, oder verwandeln Sie Ihr Institut für ein Wochenende in einen Laufsteg, Ihrer Kreativität sind keine Grenzen gesetzt. Und Sie werden merken, dann macht es richtig Spaß. Auch interessante Vereine (Hobbys), die sich präsentieren, können alte und neue Kunden anziehen.

Wenn Kunden z.B. ein spezielles Hautproblem haben, macht es einen sehr guten Eindruck, wenn Sie ein paar Tage nach der Behandlung oder der Beratung nachfragen, ob sich ihr Problem verbessert hat. Hören Sie aber auf Ihr Gefühl, denn nicht jeder Kunde möchte zu Hause angerufen werden. Also am besten vorher abchecken.

14.9 WIE kann ich die Kundenzufriedenheit feststellen?

Es ist für Sie ganz wichtig, ein regelmäßiges Feedback von Ihren Kunden zu erhalten. Nur so können Sie erfahren, was gut ankommt und wo Sie noch Entwicklungsmöglichkeiten haben. Die Kunden werden so zu Ihren kostenlosen Beratern. Es passiert leider allzu häufig, dass sich nach einiger Zeit eine gewisse Betriebsblindheit einstellt, der Sie durch ein regelmäßiges Feedback entkommen.

Eine weitere Möglichkeit, die Kundenzufriedenheit abzufragen, ist ein *Bewertungsbogen* mit der Überschrift »*Ihre Meinung ist mir wichtig*«. Folgende Fragen könnten sehr hilfreich sein:

- Wie sind Sie auf mich / uns gekommen?
- Was hat Sie inspiriert, mein Institut zu besuchen?
- Haben Sie ein bestimmtes Hautproblem?
- Wenn ja, welches?
- Haben Sie das Gefühl, dass Ihrer Haut die Behandlung(en) guttun?
- Konnte(n) ich / wir Ihr Hautbild verbessern?
- Haben Sie das Gefühl, in guten Händen zu sein?
- Was hat Ihnen am besten gefallen?
- Gibt es etwas, was Ihnen nicht so besonders gefallen hat?
- Sind wir angemessen auf Ihre Bedürfnisse und Wünsche eingegangen?
- Wenn ja, was schätzen Sie am meisten?
- Haben Sie Anregungen, was wir noch verbessern könnten, damit Sie sich noch wohler bei uns fühlen (Angebot, Verhalten, Ambiente, Einrichtung, Ausstattung, Kleidung etc.)?

Aber auch ein Fragebogen vor der ersten Behandlung macht einen sehr professionellen Eindruck und vermittelt deutlich Ihre Andersartigkeit. So können Sie es gleich vermeiden, etwas zu tun, was die Kundin nicht mag. Die Fragen können in etwa so aussehen:

- Waren Sie schon einmal bei einer Kosmetikerin?
- Was hat Ihnen dort besonders gut gefallen?
- Gehen Sie regelmäßig zur Kosmetikbehandlung?
- Wenn ja, in welchen Abständen?
- Was darf eine Behandlung maximal kosten, um sie regelmäßig zu wiederholen?
- Was genau ist Ihnen bei einer kosmetischen Behandlung wichtig?
- Worauf sollte(n) ich / wir achten?
- Gibt es etwas, was Sie nicht mögen?
- Hören Sie während der Massage gern Entspannungsmusik?
- Wenn ja, gibt es eine bestimmte Richtung, die Sie besonders gern hören?
- Haben Sie ein Lieblingsduftöl? (Aromalampe)
- Wenn ja, welches?
  Rose, Geranie, Lavendel, Rosmarin, Myrte, Kampfer, Lemongras, Orange, Pampelmuse, Zitrone, Pfefferminze, Melisse, Sommerbrise etc.?
- Wie viel Zeit möchten Sie maximal für eine Behandlung einplanen?
- Sind Sie mit Ihren Pflegeprodukten zufrieden?
- Was genau benutzen Sie?
- Gibt es Unverträglichkeiten?
- Wenn ja, welche?

- Haben Sie Allergien?
- Wenn ja, welche?
- Allergiepass?

14.10 Beschwerden als Chance

Selbst *Beschwerden* von Kunden können, wenn richtig genutzt, eine Möglichkeit bieten, die Beziehung zu vertiefen, und so die *Kundenbindung* erhöhen.

- Sie zeigen: Sie sind da, wenn es Probleme gibt, und sind bereit, sie zu lösen! Hören Sie aufmerksam zu und diskutieren Sie nicht!
- Der Kunde fühlt sich ernst genommen.
- Sie haben einen Grund, Kontakt aufzunehmen, und können ausloten, ob der Kunde noch einen Bedarf an anderen Dienstleistungen oder Produkten hat.

Weitere Vorteile für Sie sind:
- Sie bekommen wichtige Informationen über Schwachstellen und zur *Verbesserung Ihrer Qualität*. Der Kunde wird sozusagen zu Ihrem Qualitätsberater. – Nehmen Sie das in Dankbarkeit an!
- Leistungen und Arbeitsabläufe werden verbessert, was unter Umständen sogar eine Kosteneinsparung bedeuten kann.

Wenn Sie die Beschwerden richtig behandeln, stellen Sie sogar eine Gelegenheit zur *Verbesserung Ihre Images und der Beziehung zum Kunden* dar. Jetzt lernt die Kundin Sie erst richtig kennen und merkt, dass Sie auch dann noch für sie da sind, wenn es mal eng wird. Dass Sie vor Kritik nicht davonlaufen. Im Gegenteil, Sie nehmen sie dankbar an und lernen daraus. Also, sehen Sie es positiv!

Wichtig beim *Beschwerdegespräch* ist:
- Ihre positive Einstellung
- die Verantwortung übernehmen
- den Kunden an einen ruhigen Ort führen (Vieraugengespräch)
- die Dinge situationsbezogen freundlich klären
- aufmerksam und aktiv zuhören – ausreden lassen – auf die Punkte eingehen
- auf gar keinen Fall mit dem Kunden diskutieren
- durch Nachfragen sicherstellen, dass Sie die Gründe der Reklamation kennen
- ruhig und sachlich bleiben
- eine Pause machen, bevor Sie antworten
- Gelassenheit – es gibt für alles eine Lösung
- Verständnis zeigen
- Bedauern ausdrücken
- sich für wertvolle Informationen bedanken und
- sich entschuldigen, wenn dies angebracht ist
- sich persönlich um das Problem kümmern
- Zusicherung, das Problem zu lösen, aber nur wenn Sie das Versprechen auch einhalten können

- konkrete Lösungsvorschläge machen und den Kunden / die Kundin mit einbeziehen
- möglichst bald umsetzen
- Feedback: Zufriedenheit des Kunden feststellen
- Erwartungen übertreffen
- als Sahnehäubchen: eine kleine, besondere Aufmerksamkeit

Kapitel 15

Fitness und Wohlbefinden

15.1 Fitness und Wohlbefinden

Bedenken Sie: Erst wenn Sie sich selbst Gutes tun, können Sie auch anderen etwas geben.

Täglich Bewegung an der frischen Luft hält fit und leistungsfähig.

Durch Bewegung an der frischen Luft:
- nimmt der Körper Sauerstoff – Lebensenergie – auf
- wird das Herz-Kreislauf-System aktiviert und gestärkt
- wird der Stoffwechsel aktiviert
- werden die Zellen entgiftet
- wird Fettgewebe abgebaut und Muskulatur aufgebaut
- wird die allgemeine Abwehrlage verbessert und
- werden nach circa vier Wochen regelmäßiger Ausübung Depressionen und Schlafstörungen reduziert

Sehr zu empfehlen ist ein täglicher strammer Spaziergang. Gehen Sie so schnell, dass Ihre Atmung sich vertieft, aber nicht so schnell, dass Sie durch den Mund atmen müssen.

So erreichen Sie bei einer mittleren Belastung eine ausreichende Sauerstoffzufuhr, sodass Ihr Körper nach etwa 20 Minuten sogar beginnt, Fettreserven abzubauen.

15.1.1 Sport soll Freude machen

Als grundsätzliche Regel gilt: Erkennen Sie Ihre Grenzen und gehen Sie nicht über Ihre Leistungsfähigkeit! Sport sollte Spaß machen! Wenn wir außer Atem geraten und nicht mehr durch die Nase atmen können, sondern durch den Mund atmen müssen und stark zu schwitzen beginnen, überschreiten wir bereits eine natürliche Grenze und fangen an, aus Energiereserven zu agieren, die wir ja eigentlich wieder auffüllen wollten. Also Ehrgeiz zurückschrauben, langsamer beginnen und nur mit wachsender Kondition die Leistung steigern. Alles mit viel Spaß und Freude und mit möglichst wenig Mühe und Anstrengung.

Wenn Sie gerne joggen, dann achten Sie ab jetzt auf Ihre Atmung und Ihr Wohlbefinden. Es kann sein, dass Sie bereits nach einigen hundert Metern erst einmal stehen bleiben wollen. Geben Sie Ihrem Gefühl nach! Gehen Sie einige Meter, lockern und entspannen Sie sich. Nach kurzer Erholung werden Sie merken, dass nun neue und intensivere Energien frei werden, und sich nach und nach steigern. Sport hat den Sinn, den Körper zu stärken und – in der heutigen Zeit – vor allem auch Stress abzubauen. Ein immerwährendes Wohlgefühl anzustreben, ergibt in kurzer Zeit ein erstaunliches Leistungsniveau.

15.1.2 Regelmäßigkeit bringt den Erfolg

Üben Sie regelmäßig! Es ist gesünder, wenn Sie sich möglichst täglich bewegen, selbst wenn Ihnen nur Zeit für eine kurze Übung bleibt, ist das effektiver, als sich nur einmal wöchentlich mit Power-Aerobic zu quälen, völlig zu verausgaben und sich tagelang vom »Muskelkater« erholen zu müssen. Ein leichtes Warming-up in Form eines lockeren Laufens, ein strammer Spaziergang oder eine Fahrradtour sind völlig ausreichend und halten Sie fit. Regelmäßiger Sport, entsprechend der eigenen Konstitution, stärkt das Herz und die inneren Organe, stimuliert die Verdauungskraft und der Geist wird erfrischt und ausgeglichen.

Mit gesundem Sport können wir
1. unser harmonisches Gleichgewicht aufrechterhalten,
2. den Körper verjüngen und den Geist entspannen,
3. Stress abbauen, das Immunsystem stärken und
4. vor allem die Geist-Körper-Koordination erhöhen,
5. was uns zu besseren Fähigkeiten, zu mehr Energie
6. und größeren Erfolgen im Leben verhilft.

Oft tut man erst etwas für sich, wenn der Körper schon erste Zipperlein anmeldet. Beginnen Sie jetzt und warten Sie nicht auf erste körperliche Hinweise.

15.2 Behandeln Sie sich selbst gut – verkörpern Sie, was Sie anbieten!

Jede Frau ist auf ihre ganz eigene und besondere Weise schön! Es ist nicht unser Aussehen, das uns schön macht, sondern das, was wir ausstrahlen. Manche Menschen sind nicht unbedingt hübsch und dennoch sind sie charismatisch. Wenn Sie sich selbst und Ihren Körper mögen, werden Sie dieses Gefühl auch transportieren. Denken Sie auch an das Gesetz der Anziehung. Wenn Sie sich selbst mögen, werden Sie auch die anderen mögen. Tun Sie alles, was Sie glücklich macht. Das kann ein schöner Spaziergang bei einem herrlichen Sonnenaufgang in den Bergen, im Wald, Feld oder am Meer sein oder auch ein schönes Konzert. Was immer Ihnen guttut, wird Ihr Wohlbefinden und Ihre Ausstrahlung verbessern. Je mehr Sie für sich selbst sorgen und je mehr Sie sich selbst geben, desto mehr können Sie anderen Menschen geben.

Hilfreich sind Anti-Stress-Strategien, die gleichzeitig auch verjüngend wirken, zum Beispiel:

a) Körperliche Anti-Stress-Strategien
- Gleichgewicht durch typgerechte Ernährung
- Körperliche Reinigung und Entschlackung
- Regelmäßige Bewegung und Sport
- Ausreichend Schlaf, vor 22 Uhr ins Bett
- Yoga, Meditation, Tai-Chi, Qigong

b) *Mentale Anti-Stress-Strategien*

- Lebensfreude
- Selbstbestimmt leben
- Sinnvolle Lebensperspektive
- Im Einklang mit eigenen Bedürfnissen und Zielen
- Muße und Dankbarkeit als Kraftquelle
- Keine übermäßige Reizüberflutung
- Positives Denken, gute Gefühle
- Entspannungstechniken wie zum Beispiel Meditation

c) *Verhaltensstrategien*

- Biologischen Rhythmen folgen
- Regelmäßige Lebensführung / gesunde Mahlzeiten / Rituale
- Persönliche Grenzen erkennen und akzeptieren
- Auf Signale des Körpers hören
- Selbstüberforderung und Überidentifikation vermeiden
- Nein sagen lernen UND Ja sagen zu sich selbst

Machen Sie sich bewusst und denken Sie immer daran: Sie sind einzigartig! Kein Mensch auf dieser Erde ist so wie Sie. Es gibt Sie nur ein einziges Mal auf diesem Planeten – kein anderer Mensch kann auch nur annähernd auf diese Weise auftreten, sehen, fühlen, wirken und überzeugen, wie Sie es können!

15.2.1 Wertvolle Tipps für Sie und Ihre Kunden

15.2.1.1 Heißes Wasser entschlackt

Trinken Sie jede halbe bis ganze Stunde ein paar Schlucke klares, heißes Wasser.

Zubereitung: Bringen Sie zwei bis drei Liter Quellwasser (mineralarmes Wasser) oder Leitungswasser guter Qualität zum Kochen und lassen Sie es für 10 bis 20 Minuten ohne Deckel auf kleinster Stufe weiterköcheln. Füllen Sie dann Ihren Tagesbedarf in eine Thermoskanne.

Durch das Kochen rücken die Wassermoleküle weiter auseinander. So können sie leichter die Zellen und Gewebe durchdringen, sich mit wasserlöslichen Zellgiften verbinden und diese aus ihrer Verankerung in den Zellen schleusen. Es entsteht ein Kletteffekt – Gewebe und Organe werden durchgespült und gereinigt.

Schon nach wenigen Tagen werden Sie sich leichter, energievoller und leistungsfähiger fühlen.

15.2.1.2 Frischkornbrei zur Darmreinigung

2 EL Dinkel grob schroten und mit 1 EL ungeschälten, ganzen Mandeln über Nacht einweichen, quellen lassen. Das Wasser sollte abgekocht und lauwarm sein und den Dinkelschrot und die Mandeln ganz bedecken!

Am nächsten Morgen: 1 Banane mit der Gabel zerdrücken und breiig rühren. 1 Apfel grob und 1 Möhre fein reiben, zusammen mit einem ½ TL Honig unterheben.

15.2.1.3 Gewichtsreduktion

Wünschen Sie sich, Ihren Umfang und Ihr Gewicht zu reduzieren, beachten Sie folgende Ernährungsrichtlinien:
- Morgens gleich nüchtern ein großes Glas (½ Liter) warmes, abgekochtes Wasser trinken
- Essen Sie nur alle vier bis fünf Stunden und *nichts* zwischendurch
- Viel Wasser über den Tag verteilt trinken, mindestens zwei, drei Liter sowie
- Ein Liter abgekochtes Wasser zum Entgiften
- Abends um 18 Uhr die letzte Mahlzeit (Jetzt nur noch leicht verdauliche Speisen und kein tierisches Eiweiß mehr!)
- Verzichten Sie auf: Schweinefleisch, Wurst, Butter, Sahne, Süßigkeiten, Kuchen, Zucker und weißes Mehl!
- Essen Sie bewusst und nehmen Sie sich Zeit

- Verzichten Sie auf Kaffee und schwarzen Tee
- Gehen Sie vor 22 Uhr schlafen

15.2.1.4 Wechselduschen

Duschen Sie sich warm! Erst wenn Ihr Körper richtig gut aufgewärmt ist, stellen Sie das Wasser kühler, sodass Sie es noch gut vertragen. Beginnen Sie am rechten Fußrücken und gehen Sie in kreisenden Bewegungen über die Vorderseite Ihres rechten Beines nach oben, über die rechte Leiste und Hüfte nach hinten zum Po und rückwärtig wieder hinunter zur Ferse. Ebenso die linke Seite. Dann gehen Sie zum rechten Arm: Beginnen Sie am Handrücken, der Oberseite des Unterarms, dann den Oberarm bis zur Achselhöhle. Gehen Sie innen über die Unterseite des Ober- und Unterarms wieder zurück zur Handinnenfläche. Ebenso den linken Arm!

Nun gehen Sie etwas in die Hocke, stehen schulterbreit und gehen in kreisenden Bewegungen (im Uhrzeigersinn) über Geschlechtsteil, Bauch, Brust, Hals, Gesicht, über den Kopf zum Rücken und zurück zum Ausgangspunkt.

Jetzt streifen Sie das Wasser mit den Händen ab und schlüpfen, ohne sich abzutrocknen, in Ihren Bademantel. So erreichen wir eine optimale Stoffwechselaktivierung und kurbeln den Fettstoffwechsel an.

15.2.1.5 Trocken bürsten

Wie beim Wechselduschen beginnen Sie am rechten Fußrücken. Gehen Sie nun vorsichtig in kreisenden Bewegungen über Ihren Fußrücken und die Vorderseite Ihres rechten Beines nach oben, über die Hüfte nach hinten zum Po und rückwärtig wieder hinunter zur Ferse. Ebenso das linke Bein!

Dann den rechten Arm: Beginnen Sie am Handrücken, Oberseite des Unterarms, des Oberarms und über die Unterseite zurück, das heißt vom Oberarm zum Unterarm zur Handinnenfläche. Ebenso den linken Arm!

Verweilen Sie an den Problemzonen ein wenig länger!

Wenden Sie die kompletten Ernährungsrichtlinien drei Monate konsequent an und erfahren Sie ein neues Körpergefühl!

Kapitel 16

Und nun ist es so weit, Ihnen Ade zu sagen!

Es hat mir sehr viel Freude gemacht, meine Gedanken für Sie aufzuschreiben. Ich lege Ihnen nun ans Herz, immer mehr zu tun als nötig und die Menschen da draußen immer wieder zu überraschen.

> »Werde nicht müde, deinen Nutzen zu suchen, indem du anderen Nutzen gewährst.« *(Marc Aurel)*

Dieser Satz von *Marc Aurel* könnte die thematische Zusammenfassung dieses Buches sein. Wenn heute auch vielfach angenommen wird, dass man nur erfolgreich sein kann, wenn man die Regeln der Ethik außer Acht lässt, so ist dies nicht meine Sicht. Gerade das Handeln, das nicht im Einklang mit den natürlichen und ethischen Gesetzen des Universums steht, in welcher Form sie auch formuliert seien, hat die Probleme erst geschaffen, mit denen wir uns heute herumschlagen.

Shakespeares Ermahnung »Deinem Selbst bleibe treu« sollte Sie auf Ihrem Weg begleiten und zu Ihrem leitenden Grundsatz werden!

Und jetzt fangen Sie an zu handeln! Vergessen Sie dabei nicht: *Das Leben ist ein Feld aller Möglichkeiten und was Sie daraus machen, ist Ihr Leben.* Schauen Sie, dass Ihre Vision im Einklang mit Ihren tiefsten Wünschen, Sehnsüchten und Herzensangelegenheiten steht.

Gehört das Ziel, das Sie erreichen möchten, wirklich zu Ihnen, lässt es sich mit Leichtigkeit umsetzen? Denken Sie immer daran, Ihre Talente und alles, was Sie brauchen für eine erfolgreiche Umsetzung, sind bereits in Ihnen angelegt. Richten Sie Ihre Aufmerksamkeit einzig und allein auf die Umsetzung! Denn wenn Sie etwas mit ganzem Herzen, voller Leidenschaft und großer Begeisterung wollen, gibt es nichts, was Sie aufhalten kann!

Ihnen nun VIEL ERFOLG!

>>Möge der Weg vor dir immer eben sein.
Möge der Wind immer in deinem Rücken wehen.
Möge die Sonne dein Gesicht wärmen.
Möge der Regen sanft auf deine Äcker fallen
und möge bis zu unserer nächsten Begegnung
Gott schützend seine Hand über dich halten.<<

Irischer Segensspruch

Leben Sie wohl, Gott segne Sie!

Ihre Susanne Engel-Lönser

»NICHTS IST MÄCHTIGER ALS EINE IDEE,
DEREN ZEIT GEKOMMEN IST!«